제3의
인생 설계

신노년문화

김동배 지음

도서출판 소야

제3의 인생 설계, 신노년문화

초 판 1쇄 발행 2015년 2월 27일
     2쇄 발행 2015년 3월 16일
2 판 1쇄 발행 2017년 8월 28일
2 판 2쇄 발행 2019년 10월 1일

지 은 이 김동배
펴 낸 이 강인석
출판등록 도서출판 소야
등록번호 제406-301000016-3019호
기획 제작 보란듯이 * 도서출판 소야는 보란듯이에서 출판 등록한 출판사입니다.
주　　소 경기도 파주시 문발로 115 세종출판벤처타운 404호
전　　화 031.955.6455
팩　　스 02.6455.6607
이 메 일 nerval73@hanmail.net
홈페이지 cafe.naver.com/soyabook
편집디자인 좋은PR소야

ISBN 978-89-94706-41-2
가 격 13,000원

국립중앙도서관 출판시도서목록(CIP)

제3의 인생 설계, 신노년문화
/ 지은이: 김동배. — 2판. — 서울 : 소야, 2017

ISBN 978-89-94706-41-2 03330 : ₩13000

노년[老年]

331.236-KDC6
305.26-DDC23　　　　CIP2017021022

제3의
인생 설계

신노년문화

김동배 지음

도서출판 소야

서문

현재 고령사회를 목전에 두고 있는 우리나라는 사회적으로 다양한 영역에서 새로운 도전에 직면해 있다. 노인인구가 빠른 속도로 증가하면서 노인의 건강과 복지를 위해 소요되는 비용도 가파르게 올라가고 있다. 뭔가 적극적인 대책이 필요하다. 다행히 최근 활동성이 있는 노인들을 중심으로 가족과 정부의 지원에 의존하지 아니하고 스스로 노년생활을 개척하자는 움직임이 강하게 나타나고 있다.

특히 이제 곧 노년층으로 편입될 베이비붐 세대의 많은 사람들은 기존의 노인에 비해 합리적인 사고방식과 미래지향적인 생활의식을 갖고 있으며 노년기를 개성적인 자기실현의 시기로 인식하고 있으며, 경제적인 면에서는 여유로운 삶, 사회적인 면에서는 참여적인 삶을 추구하는 경향이 높게 나타나고 있다. 이를 '신노년문화'라고 부른다.

그러나 신노년문화는 아직 그 학문적 이론의 정립이 미약하고 그저 상식적인 선에서 회자되고 있을 뿐이다. 노년기는 생애주기의 후반부에 나타나는 신체적 · 심리적 · 사회적 변화의 특징으로만 이해하면 되는 것이 아니라 노화(aging)의 내재적 의미를 발견하는 삶으로의 전환을 꾀해야 할 시기이다.

신노년문화 담론은 노인의 활동성에 무게를 두되 개인적 · 사회적인 차원에서 노화의 진정한 의미를 탐구하면서 전개되어야 할 것이다. 그리고 이제 노인은 복지의 수혜자가 아니라 복지의 생산자로 탈바꿈하여 사회의 짐이 아니라 힘이 되는 희망을 던져 주어야 할 것이다.

나는 몇 년 전부터 노인생활에 관해 좋은 정보를 주는 「백세시대」(2013년까지는 「노년시대신문」)에 1년에 6~7회 금요칼럼을 게재해왔다. 그 칼럼은 대부분 신노년문화를 염두에 두고 쓴 것인데, 이 책은 거기에 썼던 글들을 모은 것이다. 그러나 그 글들은 신문에 실린 것들이기 때문에 신노년문화의 이론적 연구라기보다 서설(序說) 정도라고 보아야 할 것이다. 이 책이 신노년문화의 이론적 연구에 촉매 역할을 할 것으로 기대해 본다.

19세기 캐나다 시인 로버트 브라우닝(Robert Browning)은 "가장 좋은 것이 아직은 남아있다(The best is yet to be.)"라고 늙음을 예찬하였다. 과연 노년기에 인생의 가장 좋은 것을 향유할 수 있을까?

20세기 분석심리학의 대가인 칼 융(Carl Jung)은 "인생의 오전을 위해 만든 프로그램으로 인생의 오후를 살 수는 없다."라고 갈파하였다. 인생의 오후를 위해 새로 짜야 하는 프로그램은 어떤 지침에 의해 작성해야 하는가?

나는 노년학자로서 여기 신노년문화와 관련된 글들에서 노인의 삶과 노인복지제도를 비판적인 시각에서 다루었다. 노년학 이론을 우리나라 노인의 삶의 현장에서 어떻게 풀어갈 수 있을까 고민하였다. 다양한 주제를 다루다 보니 유사한 대목도 드문드문 나오는데 그냥 놔두기로 하였다. 다만 주제와 관련된 현황과 통계수치는 최근의 것으로 수정하였다. 글 쓸 당시엔 시간에 맞추어 냈기 때문에 부족한 부분이 발견된 곳에서는 보강작업을 하였다. 4~5개의 글을 한 주제로 묶으니 자연스럽게 신노년문화가 다루어야 할 7개의 주제가 도출되었다. 각 장 안에서의 나열은 게재 순이 아니고 주제의 자연스러운 흐름을 고려하였다.

원래 이 책은 2015년 2월 정년퇴임을 기념하기 위해 펴냈었다. 그 후 2년 반이 지나면서 '참여적 노년' 섹션에 있는 시의성이 좀 떨어지는 글은 「백세시대」에 쓴 최근의 글로 교체할 필요성을 느끼게 되었다. 이 참에 전체를 다시 윤문작업하면서 수정·보완하여 개정판을 내게 되었다.

인생 전체를 3기로 구분한다면 노년기는 제3의 인생이라고 할 수 있다. 수명이 연장된 요즈음엔 대략 30년씩 할당할 수 있겠다. 사람들은 보통 자기의 삶을 설계하고 그 설계도를 따라 살게 되는데, 제3의 인생 설계는 인생의 끝 부분을 잘 마무리한다는 의미에서 중요한 의미를 갖는다. 30년 동안 쓸 인생 설계도는 어떻게 그려야 하나? 나는 이 책에서 제3의 인생 설계는 신노년문화의 요소들을 포함하고 있어야 할 것을 주장하였다.

나는 이 책을 나와 함께 제3의 인생을 설계하고 있는 장노년들에게 바친다. 그리고 현재의 노년층에게는 활기찬 노년생활에 기여하고, 앞으로 노년층으로 편입될 예비노인들에게는 노년을 준비하는 데 지혜를 주는 지침서로 활용되기를 바란다.

노인복지 관련 기관의 실무자들과 노인복지정책 입안자들에게는 프로그램 개발을 위한 참고서로 활용되었으면 한다. 노년학 연구자들에게는 고령사회를 향해 질주하는 우리나라에 새로운 노인상을 수립하는 데 참고자료로 사용될 수 있을 것이다.

「백세시대」 신문에 금요칼럼을 게재할 수 있도록 지면을 할애해 주신 이현숙 사장님, 그리고 노인의 현실을 직시하며 이 시대에 꼭 필요한 글을 쓰도록 늘 격려해 주신 전 대한노인회 이심 회장님이 아니었으면 이 책은 빛을 보지 못했을 것이다.

초판과 마찬가지로 이번 개정판에서도 성심을 다해 편집과 출판을 해주신 도서출판 소야의 이옥겸 대표에게 감사를 드린다. 그리고 평생을 나와 함께 동고동락했고 앞으로 인생의 오후를 위한 프로그램을 같이 짜야하는 아내 황선희에게 사랑과 고마움을 담아 이 책을 바친다.

2017년 8월
신노년문화의 창달을 기대하며
김동배

안정된 노년

6

참여적 노년

7

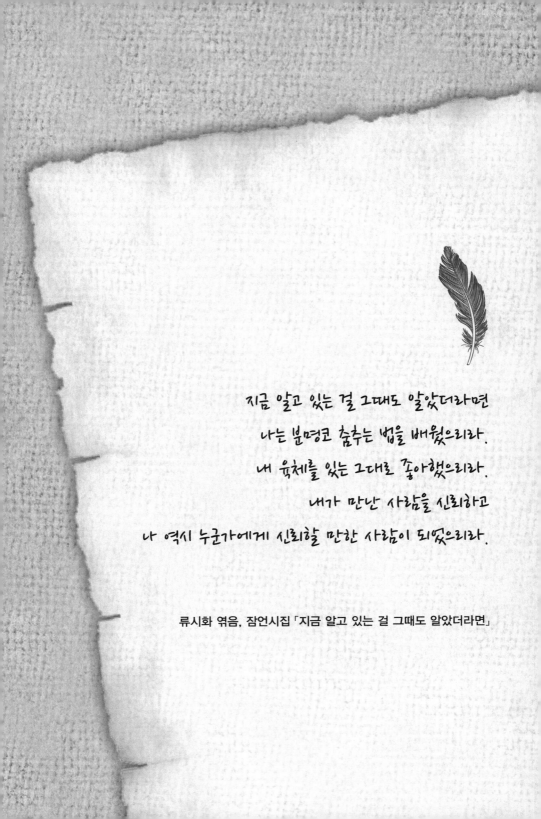

지금 알고 있는 걸 그때도 알았더라면
나는 분명코 춤추는 법을 배웠으리라.
내 육체를 있는 그대로 좋아했으리라.
내가 만난 사람을 신뢰하고
나 역시 누군가에게 신뢰할 만한 사람이 되었으리라.

류시화 엮음, 잠언시집「지금 알고 있는 걸 그때도 알았더라면」

평생을 열심히 일하고
은퇴 후 아무 일도 하지 않는 것을
당당하게 자랑할 수는 없을까?

안식을 취할 수 있는 권리,
그리고 게으를 수 있는 권리.

나는 노인들의 이런 여유가
정당한 권리로 인정받는 사회를 선진사회라 부르고 싶다.

지혜로운 노년

_1_

제 3 의 인 생 설 계 , 신 노 년 문 화

노인
이란

 노인복지론 강의 첫 시간에 학생들에게 노인의 정의에 대해 이야기를 해준다. 물론 교과서에는 역(歷)연령에 의한 정의를 비롯해서 기능적, 심리적, 사회적 연령 등에 의한 정의가 자세히 나와 있다. 그러나 나는 그것 말고도 내가 개인적으로 생각하는 노인의 정의에 대해 이야기 해준다. 학생들은 후자를 더 재미있어하는 것 같다.

 가장 보편적으로 쓰이는 것은 노인(老人)이다. '늙은이'란 뜻으로 긍정적인 표현은 아니다. 낡고 해어졌다는 뜻이기 때문이다. 그래서 연세가 70세가 넘어도 노인이란 말을 듣는 것을 싫어한다. 그래서 '어르신', '시니어', '실버'란 말로 대체하는 경우가 많다. '노년'(老年)이란 표현도 좋아 보인다.

우리 주변에는 성을 잘 내는 노인(怒人)이 있다. 나이가 들면서 툭하면 큰소리 지르고, 짜증을 내고, 상대방에 대한 존중이 전혀 없는 교양 없는 노인이다. '내가 나이를 먹었으니 이 정도의 말이나 행동쯤은 괜찮겠지!'라고 생각하며 주위 사람에게 무례하게 처신하는 노인들이다.

나이를 먹으면 이제 일선에서 좀 물러날 줄도 알아야 할 텐데 끝까지 일을 붙잡고 놓지 않는 노인(勞人)이 있다. 근심하며 일하는 노인이다. 물론 우리나라의 많은 노인들이 용돈이라도 좀 벌어보려고 일자리를 찾고 있는 것이 현실이다. 그러나 사실 일은 젊었을 때 하는 것이고 나이 들어서는 좀 쉬면서 정말 자기가 좋아하는 일, 평생에 해보고 싶었던 일 한 두 가지에 시간을 쏟는 것이 바람직하다. 인생과 자연, 우주를 생각해야 할 노년기에 일만 한다는 것은 사실 좀 안타까운 일이다. 지칠 정도로 일을 하는 노인(勞人)을 보면 정말 사는 게 고역이라는 생각이 든다.

노년기를 어디에 매여서 사는 노인(奴人)이 있다. 돈, 술, 미움, 분노로부터, 어떤 경우엔 자녀, 남편, 아내로부터 벗어나지 못하고 종노릇 하면서 사는 노인이다. 질병에 노예처럼 끌려가는 노인은 또 얼마나 많은가? 인생 여정에서 어쩔 수 없이 졌던 짐들을 아직도 지고 가느라 힘들어 하면서 사는 노인이 많다.

죽음을 앞둔 사람으로서 꼭 필요치 않은 것들은 좀 훌훌 털어버리고, 그동안 나를 억눌렀던 의무, 업적, 명예, 체면, 관습들 중 버려도 되는 것은 좀 버리면서, 자유의 몸으로, 단순한 차림으로, 그러나 영적으로는 좀 민감하게 살 수는 없을까?

우리가 내일 죽어도 오늘까지 꼭 해야 할 일도 있을 수 있다. 나이가 많이 들었음에도 불구하고 무엇엔가 뜻을 두고 죽는 날까지 그 일을 위해 꾸준히 힘쓰는 것보다 더 아름다운 것이 있을까? 이런 노인(努人)을 보면 나는 절로 고개가 숙여진다. 이런 사람은 나이가 많아도 여전히 꿈꾸는 사람이다. 몸은 비록 늙었지만 마음은 더욱 새로워지는 이런 분들은 젊은이의 존경과 감사의 대상이 된다.

길을 걷는 노인(路人)도 있다. 프랑스에는 무언가 못된 짓을 해서 법원으로부터 보호관찰 처분을 받은 청소년을 1:1로 만나 선도해주는 Seuil(쉐이유, 문턱)라는 자원봉사단체가 있다. 거기에 속한 노인은 청소년과 함께 몇 주 동안 길을 걷는다. 배낭을 메고, 때로는 노숙도 하면서, 지나는 길에 나타나는 아름다운 산하와 문화유적을 감상한다. 고생스럽고 위험한 일도 함께 겪으면서 그들은 일심동체가 된다. 노인이 갖고 있는 가치관과 삶의 자세는 자연스럽게 청소년에게 영향을 미치게 된다. 몇 주 동안 끈끈한 인간관계 속에서 인성과 자긍심이 함양된 청소년은 이제 자립의 의지를 갖고 보호관찰 대상으로부터 벗어난다.

난 언젠가 활동적이며 헌신적인 노인(路人)들과 함께 이런 자원봉사단체를 설립해 보고 싶다. 난 태고의 신비가 감도는 국립공원 지리산 올레길을 한 바퀴 도는 285km 산행을 꿈꾼다. 생명과 평화를 지향하는 이 순례길은 삶에 교훈이 되는 이야기를 많이 담고 있어 천천히 음미하면서 걸어야 하겠지만, 부지런히 걸으면 2주 정도 걸리겠지. 다 돌고 나면 난 그 청소년과 친구가 되어 있을 것이다.

노인이 되어 인생을 회고할 때 후회되는 세 가지가 있다고 한다. 참을 걸, 즐길 걸, 베풀 걸. 나이가 들었어도 아직 가능한 것은 은혜를 베푸는 노인(露人)이 되는 것이다. 자전(字典)에 '로'(露)는 이슬 로, 드러낼 로, 베풀 로의 뜻이 있다.

어린이와 청소년을 위해, 그리고 사회의 그늘진 곳을 위해, 시간으로, 물질로, 기도로 은혜를 베풀어 주는 일은 연장자의 가장 귀한 역할이다. 남을 위해 베풀 수 있다는 것은 인생의 큰 축복이다. 베푸는 자의 덕스러움에 의해 이 땅은 오늘도 살만한 곳으로 변화되어 가는 것이리라.

제3의
인생 설계

인생은 3기로 나눌 수 있다. 제1의 인생은 세상에 태어나서 부
모의 양육과 교사의 지도를 받으며 성장하는 어릴 때이다. 아직
성인이 아니니 독립적인 의사결정을 하지 못한다. 인생을 90세
까지 산다고 봤을 때 대략 30세까지, 즉 인생의 약 1/3이다. 제2
의 인생은 성인이 되어 직장을 갖고 결혼을 하여 독립된 가정을
꾸리고 사회의 책임 있는 일원으로 활동하는 인생의 황금기이다.
대략 60세까지, 이 또한 인생의 1/3이다. 제3의 인생은 직장에서
퇴직하고 자녀들도 출가시키면서 육체가 쇠퇴하고 사회적 역할
도 축소되어지는 노년의 시기이다. 대략 90세까지, 역시 인생의
1/3이다.

그런데 제1, 2의 인생을 되돌아보면 사실 자기 스스로 결정한

것이 없다. 열심히 살았다 해도 부모, 교사, 사회의 요구와 기대에 따라 수동적인 인생을 살아왔음을 부인할 수 없다. 또한 남들이 다 좋다고 하니까 그 물결에 휩쓸려 학교, 전공, 배우자, 직장을 선택하지 않았을까?

다른 사람을 해치지 않고 사회질서를 어기지 않으면서, 인생에서 정말 자기가 한번 해보고 싶었던 일을 해볼 수 있을 때가 있을까? 남들은 대수롭게 여기지 않는 것일지 모르겠지만 나의 내면의 자아(inner self)가 희망하는 것을 실행함으로 최고의 만족감과 희열을 느끼는 그런 일을 해 볼 수 있다면 그건 언제일까?

제3의 인생은 그게 가능한 시기이다. 제3의 인생은 그것을 위해 남겨져 있다고 해도 과언이 아니다. 제3의 인생은 그렇게 한번 살아볼 수 있는 인생의 마지막 기회이다. 그것은 자기가 늘 해오던 일의 연장선상에 있는 일일 수도 있고, 혹은 전혀 새로운 일일 수도 있다.

제3의 인생은 사실 노년이라고 부르기보다는 왕성한 중년기와 의존적인 노년기 사이에 존재하는 새로운 영역이라고 봐야할 것이다. 영국의 인구역사학자 피터 래슬릿(Peter Laslett)이 1989년에 쓴 「새로운 인생지도(A Fresh Map of Life)」에서 처음으로 제3의 인생(the third age)을 언급하였다. 이 단계는 인생의 새로운 절정기이자 성취의 시기이며, 어쩌면 인생에서 가장 중요한 공헌을 할 수 있는 시기라고 지적하였다.

따라서 노년기는 사회적 역할을 잃는 것이 아니라 새로운 사회적 역할을 얻는 것일 수 있다. 새로운 기회이며 새로운 권리와 책임이 발생할 수도 있다. 가족, 친구, 이웃과 새로운 인간관계가 생기며 새로운 의미에서 인생을 재출발할 수 있다. 노년기는 인생에서 성과와 업적에 연연하지 않고 진정 바라던 바를 여유있게 추구할 수 있는 기회를 준다. 지혜롭게 계획하고 결심하기에 따라 노년기는 인생의 가장 축복받은 시기일 수 있고, 아니면 불만과 불편의 시기일 수 있다.

제3의 인생 설계를 위한 영역에는 다음 6가지가 있다. '제3의 인생 설계'란 말은 약 20년 전에 내가 연세대 사회교육원(지금은 미래교육원)에서 개설한 과정 이름이다. 1학기 과정으로 60세 전후 약 50명이 수강하였는데 3년 정도 진행하였었다. 나는 당시 유행하던 서구와 일본의 은퇴준비교실을 벤치마킹하여 우리나라 상황에 맞게 조정하여 커리큘럼을 만들었다. 나는 수업을 하면서 수강생들에게 인생의 새로운 길을 개척하도록 많이 권면하였다.

① 건강관리

노화는 인생의 정상적인 한 과정이다. 노화에 따른 신체적 변화를 이해하며, 신체적 노쇠와 기능저하를 너무 비관하지 말고 개인적 적응기술을 개발한다. 신체적 및 정신적 건강을 유지하기 위한 과학적인 방법을 터득한다. 약의 과다복용에 주의하고, 의사의 지시 없이는 약 복용을 자신이 마음대로 조절하지 않아야 한다. 영양, 위생, 청결에 관한 지식이 있어야 하고, 건강을 위한 좋은 습관을 길들인다. 한국인에게 많은 성인병, 그리고 노인과 그 가족에게 치명적인 타격을 주는 중풍과 치매에 대한 예방과 치료법을 이해한다. 치료와 건강관리를 돕는 지역사회자원과 의료서비스체계에 대해 이해한다. 기억력을 유지할 개인적인 비법(秘法)을 개발한다. 노인의 성기능에 관한 정확한 정보가 필요하며, 성에 관한 부정적 선입관을 시정한다. 재혼의 가능성과 재혼 이후 예상되는 문제에 대해서도 연구한다. 우울증과 자살의 원인에 대해 이해하고, 우울증은 전문가의 도움으로 치료할 수 있는 것임을 이해한다.

② 재산관리

연금을 포함하여 노년기 소득 원천과 규모에 대해 평가한다. 은퇴 후의 소득과 예상되는 노후생활비를 계산하고, 소득을 올리고 지출을 줄이는 방안을 연구한다. 일상적인 지출과 개인적으로 예상되는 특별지출을 고려하면서 재산운용과 투자방안을 연구해야 하지만 위험도가 높은 투자는 엄격히 제한한다. 재산관리에 있어서 안정성·수익성·환금성을 적절히 적용한다. 한국 노인의 경제적 특징을 고려해서 만든 주택연금과 농지연금을 이해한다. 소득이 있는 일은 언제나 활력을 주기 때문에 재취업, 시간제 고용(part-time) 등의 가능성을 탐구한다. 경로우대 및 노인할인제도를 포함하여 소비자로서 노인이 갖는 권리를 행사한다. 노인들이 보통 당하는 사기수법에 대해 주의한다. 연금의 사후처리, 유산상속 및 유산의 사회 환원에 대해 이해한다.

③ 여가선용

노인이 갖고 있는 '시간'이라는 자원을 유효적절이 사용하면 노년이란 인생에서 아주 의미 있는 기회가 될 수 있다. 인생을 회고해 보며 무엇을 정말 하고 싶었는지 혹은 배우고 싶었는지 검토해 보고 자기에게 가장 만족을 주는 여가선용 방법을 선택한다. 직업과 연관된 것을 찾을 수도 있고 익숙지 않은 새로운 형태의 여가를 즐길 수도 있다. 취미활동과 자원봉사활동의 종류와 의미를 탐구한다. 자원봉사는 새로운 사회적 역할을 얻고, 자신에 대한 새로운 가능성을 발견하고, 새로운 조직(교육, 의료, 사회복지, 시민운동, 문화예술, 공공 단체 등)에 가입하여 공익을 위한 활동을 함으로 사회발전에 기여하는 집단여가활동이다. 즐겁고 보람 있는 여가활동은 정신작용이 쇠퇴하는 것을 막음으로 정신적 노화를 예방한다. 당신의 버킷 리스트(bucket list, 죽기 전에 꼭 해보고 싶은 일과 보고 싶은 것들을 적은 목록)에는 어떤 것들이 있는가?

④ 인간관계

장노년기의 심리적 특징에 대해 이해한다. 자신의 심리적 특성과 가치관이 어떤 생활양식을 만들었으며 어떤 변화가 필요한지 연구한다. 가족관계의 변화가 자기에게 어떠한 영향을 미치는지 탐구한다. 노년에 부부 · 자녀 · 친구의 역할과 기능에 대해 생각하며 그런 인간관계에서 새로이 조정해야 하는 것을 탐구한다. 노년기 사회적 지위의 변화와 그 지위를 유지하기 위한 방법을 이해한다. 대부분 그 사회적 지위를 유지하기가 어려운데, 그 때 바람직스럽게 변화해야 하는 인간관계 방식에 대해 탐구한다. 노년생활을 지지하는 자원의 고갈현상과 이를 보충하는 방법, 그리고 도움이 필요할 때 도움을 요청하는 요령을 터득한다. 자신과 타인을 속박하는 사고방식에는 어떤 것이 있는가를 발견하며, 인간관계를 효과적으로 개선하는 집단훈련에 참여한다.

⑤ 주거선택

한국 노인에게 새로이 등장한 이슈이다. 자녀와 동거 및 별거, 인거(隣居)와 근거(近居)의 장단점을 파악한다. 노인복지법에 의해 노인주거시설(retirement housing)이 경제력과 건강 정도에 따라 다양하게 개발되고 있는데, 여러 형태의 노인주택을 이해하고 노인주택의 입주 가능성을 파악한다. 노인주택은 보통 공동주택의 특성을 갖는데, 주택디자인의 기본방향은 입주자의 자율성이 보장되고 프라이버시를 배려한 공간구축이 이루어져야 한다. 특정한 노인주택을 선택하는 데 있어서 개인적 선호의 요소를 파악한다. 만약 지금 살던 집에서 이사할 경우 주거선택으로 고려해야 할 것은 첫째, 지역 · 위치 · 규모 · 가격이 중요하고, 둘째, 가족 · 종교 · 교우관계 혹은 재취업이나 자원봉사의 가능성을 고려해야 하고, 셋째, 노화와 더불어 높아지는 의존성을 보완해 줄 각종 서비스와 위락시설을 고려한다. 귀촌의 장단점을 파악하여 도시생활과 농촌생활의 잇점을 최대한 누리는 계획을 수립한다.

⑥ 삶과 종교

이 주제는 사실 죽음의 문제, 즉 well-dying(웰다잉)에 관한 것이다. 죽음의 문제를 공개적으로 다루는 것은 우리나라 사회에서는 금기시되어 있으나 한번은 필히 다루어야 할 주제이다. 죽음에 대한 자신의 느낌과 태도를 이해하고, 피할 수 없는 죽음을 수용하여 그 미지의 세계에 대한 불안을 극복한다. 그동안 누렸던 지위와 성취했던 일에 대해 감사하면서, 나를 치장했던 것들을 다 벗어버리고도 남아있는 고유한 나 자신을 느껴야 할 것이다. 그때야 말로 진정 신과 대면할 수 있지 않을까? 말기 환자를 위한 호스피스의 개념을 이해하고, 인생의 마지막에 있을 수 있는 고독, 무위(無爲), 통증을 극복할 수 있는 개인적 비법(秘法)을 마련한다. 자기만의 독특한 장의 절차를 계획하고 자녀들과 상의할 수 있다. 장기기증에 대해 이해한다. 배우자 사별을 포함하여 죽음에 대한 적응과정을 이해한다. 배우자를 먼저 보내고 홀로 살아가야 하는 슬프지만 지혜로운 요령을 터득한다. 종교인이라면 죽음을 종교와 결부시켜서 탐구한다. 비종교인이면 새로이 종교를 가질 가능성을 탐구한다. 사후(死後)에 대한 탐구는 현재의 삶을 더욱 의미 있게 한다. 노년기 삶에 있어서 영성개발의 중요성을 이해한다.

여장은
간단히

정년 퇴임을 앞두고 주위에서 가장 많이 듣는 질문은 "퇴임하고 뭐 하세요? 은퇴 준비 강의를 많이 하셨으니 틀림없이 은퇴계획을 멋있게 세워놓으셨을 거예요."이다. 정말 은퇴준비는 어떻게 해야 하나?

우리나라는 대체로 노령연금도 미약하고 개인저축도 충분치 않아 퇴직 후 소득이 있는 일자리를 얻는 것을 축하할만한 일로 여긴다. 많은 경우 퇴임 직후 평생 해오던 일과 관련되어 곧 다른 직장에서 계속해서 일하게 되는 것을 가장 좋은 것으로 생각한다. 그런 사람을 능력 있는 사람으로 평가하는 경향이 있다. 틀린 말은 아니다. 그러나 꼭 그것만이 좋은 은퇴계획일까?

군대에서 보병훈련에 이런 것이 있다. 훈련병들은 1박 2일의 극한훈련을 위해 이것저것을 가득 채운 백팩(군장)을 갖고 모인다. 교관은 그것을 열게 한 뒤 그 잡동사니 중에서 임무수행에 꼭 필요한 것 3개만 남기고 나머지는 다 버리라고 지시한다. 훈련병들은 험한 훈련에서 생존하기 위해 꼭 필요한 3개가 남을 때까지 하나씩 버린다. 결국 남는 것은 물통, 칼, 나침반 같은 것이다. 생존을 위해 굳이 필요 없는 것을 버림으로 몸을 가볍게 해 임무수행을 더 잘 할 수 있게 하기 위한 훈련인 것이다.

그렇다! 여장(旅裝)은 간단히! 트래블 라이트(Travel light)! 최소한의 짐, 최소한의 무게로 여행하는 것이다. 여장이 무거우면 그걸 챙기느라 볼 것을 제대로 못 본다. 여장을 가볍게 하고 여유 있는 마음으로 느리게 여행을 하면 훨씬 더 의미 있는 여행이 된다. 옷이나 구두 같은 것이 필요하면 현지에서 구입하는 재미도 쏠쏠하다.

서구인들이 살아가는 모습 중에 잘 이해되지 않는 것은 일을 하는 목적이 휴가를 즐기기 위한 것처럼 보이는 것이다. 직장이나 집은 보잘 것 없는데 주말에는 개인용 보트를 끌고 호수로 나가는 사람들도 있다. 우리나라 사람들은 열심히 일해서 저축하고 노후를 준비해야지 벌이도 신통치 않은 사람이 놀러 다니는 것은 부도덕하다고 생각한다.

우리는 "더 많이 가질수록 더 많이 행복할 것이다. 더 많이 갖기 위해서는 더 많이 일해야 한다."는 가설이 힘을 얻는 사회에 살고 있다. 우리는 근면과 성실을 평생 당연히 지켜야 할 중요한 덕목으로 배워왔다. 게으르고 나태한 사람은 살 가치가 없는 사람으로 낙인을 찍는 사회이었기 때문에 누구나가 다 열심히 공부하고 일하기를 즐겨하는 문화를 형성해 왔다. 사실 그것이 나라를 부흥시키는 원동력이 되기도 했다.

그러나 정말 바쁘게 살고 일을 많이 해야 행복할까? 칼 마르크스(Karl Marx)의 사위인 폴 라파르그(Paul Lafargue)는 「게으를 수 있는 권리」라는 책의 표지에 독일의 극작가 레싱(Lesing)의 글을 인용하였다. "모든 일을 게을리 하세. 사랑하고 한 잔 하는 일만 빼고. 그리고 한껏 게으름 피우는 일만 빼고." 그는 노동에 대한 열정이 결국 인간의 생명력을 소진시킨다고 주장하였다.

1950년에 노벨 문학상을 받은 철학자 버트란드 러셀(Bertrand Russell)은 「게으름에 대한 찬양」이라는 책에서 "세상에는 너무 일이 많으며 근로가 미덕이라는 믿음이 현대 사회에 막대한 해를 끼치고 있다. 따라서 행복과 번영에 이르는 길은 조직적으로 일을 줄여가는 것이다"라고 주장하였다. 그는 인간의 선한 본성은 분투하며 일하는 데서 나오는 게 아니라 편안함과 여가를 즐기는 데서 나온다고 하였다.

평생을 열심히 일하고 은퇴 후 아무 일도 하지 않는 것을 당당하게 자랑할 수는 없을까? 안식을 취할 수 있는 권리, 그리고 게으를 수 있는 권리. 나는 노인들의 이런 여유가 정당한 권리로 인정받는 사회를 선진사회라 부르고 싶다. 유럽을 여행하다 보면 낮부터 카페, 베이커리, 연주회, 그리고 각종 페스티발은 온통 노인들의 차지이다. 옅은 와인이나 맥주를 앞에 놓고 시내의 오후를 즐기는 사람들은 대부분 노인들이다. 내가 평생 열심히 일을 했으니 이젠 편히 쉬면서 인생을 즐길 권리가 있다는 주장을 하는 것처럼.

여장을 간단히 꾸린다는 것은 느림과 단순함 속에서 행복을 느끼고, 그 행복 속에서 풍요로운 상상력을 발휘하는 것이라 말하고 싶다. 자유로운 영혼의 소유자로서 명상하고 기도하기, 천천히 산보하기, 사람들과 진정으로 사귀기, 나의 존재를 느껴보기, 거기에다 공기 맑은 데서 따뜻한 햇살을 만져보기, 추적추적 내리는 비를 맞으며 자연과 친해지기, 세상을 깨트릴 것 같은 천둥을 가슴에 담아보기, 그리고 질투와 욕심을 내려놓고 후하게 베푸는 덕스러운 삶을 살기….

마치 쇼팽이나 피카소가 그들의 말기 작품에서는 기존의 형식을 따르지 않고 자유자재로 자신을 표현함으로 우리에게 더 감동을 주듯이, 노년엔 어느 정도 social self(사회적 나)를 벗어 버리고 real self(진정한 나)를 찾아야 하지 않을까? 즉, 사회적 기준에 나를 맞추는 것이 아니라, 만물의 영장으로 태어나 삶의 고유한 목적과 의미를 부여받은 인간으로서 이제 노년기엔 스스로에게 진실함으로 자유롭고 온전한 삶을 누려야 할 것이다.

워낭소리,
마음이 교류되는 시장

독립영화 '워낭소리'가 평범한 시골노인과 늙은 소에 대한 이야기를 다루었지만 대중에게 인기가 있었던 이유는, 같은 노인들에게는 감정이입(感情移入)과 동병상련(同病相憐)이 이뤄졌고, 젊은이들에게는 세대 간 단절로 인해 접할 수 없었던 노인의 진솔한 삶의 모습이 전달되었기 때문일 것이다. 영화가 전하려는 내용을 내 나름대로 평가해 보면 다음과 같다.

첫째, 이 영화는 최 노인의 올바른 농사방법을 통해 삶의 새로운 패러다임을 제시하고 있다. 노인은 고령인데다 몸이 불편하지만 40년 동안 농사를 지으면서 가공된 비료는 전혀 사용하지 않고 퇴비만을 사용해 왔다. 그는 제초제를 사용하지 않고 낫을 이용해 직접 잡초를 베어낸다. 노인의 이런 고집스러운 농사방법은 인간과 자연에 대한 존중이라 볼 수 있다.

현대사회에서 발생하는 아토피나 광우병 등은 일반 농가가 최 노인의 농사방법과는 다른 방법을 사용하면서 나타난 것으로, 이는 인재(人災)다. 광우병은 소의 발육을 촉진시키기 위해 양과 소의 장기나 뼈를 사료의 원료로 이용한 결과다. 하지만 이러한 방법은 소와 사람 모두에게 피해를 주고 있으며 사망까지 이르는 심각한 수준의 질병이 됐다.

또한, 기계로 벼 수확을 하거나 잡초를 제거하기 위해 제초제를 사용하는 것은 손쉽게 농사를 지으려는 방법이다. 이러한 농사방법은 인간이 먹는 식품을 너무 가볍게 생각하고 유해한 물질을 아무런 죄의식 없이 생산 · 유통함으로 현대인에게 심각한 피해를 준다. 현실의 편의와 영리추구를 위해 정도(正道)를 지키지 않는 것은 결국 재앙으로 끝난다는 것을 노인은 영화를 통해 웅변하고 있는 것이다. 이 영화는 농사에 관한 최 노인의 통찰력과 소신을 통해 현대의 많은 사회문제를 해결하는 중요한 단서를 제공하고 있다.

둘째, 이 영화는 소를 우(牛)시장에 팔러간 최 노인이 벌이는 장면을 통해 현대사회의 몰(沒)인간적 가치관을 고발하면서, 사랑은 이성을 뛰어넘어 인류의 보편적 가치로 부활해야 함을 주장하고 있다. 노인은 늙은 소가 더 이상 일을 못한다고 판단하고 그 소를 팔고 젊은 소를 사려고 한다. 그러나 30년 동안 함께한 소를 데리고 우시장에 간 노인은 시장가치가 100만원도 되지 않는 소를 500만원에 팔려다가 사람들의 웃음꺼리가 되고, 결국 우시장에서 쫓겨나다시피 나온다.

물론 그는 늙은 소를 팔지 못한다. 노인도 울고 소도 우는 대목에서 노인과 소의 사랑이 극적으로 표현됐다. 노인은 처음부터 소를 팔 생각이 없었는지 모른다. 그래서 높은 가격을 고집했다. 자신을 아끼는 노인의 마음을 헤아린 소는 눈물을 흘렸다. 그런데 이 장면이 정말 얘기하려고 하는 것은, 노인과 소는 모든 것이 돈으로만 거래되는 현대사회에서 과연 쓸모없는 존재인가 하는 질문이다. 노인에게 있어서 소는 500만원 이상 또는 화폐로는 측정할 수 없는 가치 있는 존재이다.

하지만 우시장에 있었던 사람들 중 어느 누구도 노인의 탈(脫)시장적 가치관을 이해하지 못했다. 만약 누군가가 노인의 마음을 이해했다면, 소를 팔아봐야 큰 돈 못 받으니 그 소가 여생을 잘 마무할 수 있도록 옆에서 지켜주라고 노인에게 조언했어야 한다. 현대의 시장은 이런 탈시장적 가치가 통용되지 않는 냉혹한 장소로 변질됐다. 그러나 이 영화는 한 우직한 시골노인을 통해 정(情)이 있는 시장, 인간미 넘치는 시장, 그리고 상품만이 아니라 마음도 교류되는 시장이 필요하다는 것을 보여준다. 시장에서 만이 아니라 사회 전체에 대해 인간성 회복을 주장한 것이라고 평가한다면 좀 지나친 해석일까?

이 영화는 노인부부가 주인공으로 등장하지만 노인문제를 다루는 것은 아니다. 그럼에도 불구하고 이 영화가 함의하고 있는 것은 개인의 노화 경험은 개인적 요인만이 아니라 성과 계층 등 사회경제적 요인에 의해서도 매우 다르게 전개되고 있다는 것이다. 최 노인과 그 부인 사이의 심리적 갈등은 같은 노년세대라도 개인마다 특징이 다르고 삶의 자세와 욕구가 다양하다는 것을 말해주고 있다. 우리가 노인복지를 생각할 때, 노인들의 다양한 생각과 다양한 욕구에 맞추어 다양한 해결책이 제시되어야 한다는 것이다. 맞춤형 노인복지서비스의 필요성을 암시한다.

한편, 이 영화는 현대의 젊은이는 가치관의 중심에 돈이 있지만, 노인은 오랜 세월을 살면서 정말 중요한 것은 돈이 아니라 그 대상이 인간이든 동물이든 상호 간의 이해라는 것을 보여준다. 경제 마인드로 모든 것을 해석하는 젊은이는 노인이 경험해 온 삶의 역사를 진지하게 이해하려는 시도 없이, 노인을 단지 시장논리로만 해석하여 '비생산인구'에 포함시키는 잘못을 범할 수 있다는 것도 이 영화를 통해 얻을 수 있는 교훈이다.

이제 우리는 최 노인과 늙은 소의 관계처럼 노인을 삶의 동반자적 시각에서 바라보아야 한다. 노인을 이 시대의 낙오자가 아닌 사회의 정당한 구성원으로, 그리고 그 생각과 가치관을 존중하여 어르신으로 대접해드리는 자세가 있어야만 우리 사회가 고령화 위기를 제대로 대처할 수 있을 것이다.

의미 있는
죽음

비비 래빈(Bebe Lavin) 선생님은 35년 전 나의 미국 유학 석
사과정 시절 영어도 서툰 우리 부부를 추수감사절 저녁에 집으로
초대해서 터키(칠면조) 고기와 미국식 시금치국을 대접하며 고향
의 맛을 조금이라도 맛볼 수 있게 해주신 자상하고 따뜻한 성품
의 사회학과 여교수이시다.

의료사회학이 전공인 그녀는 우리 아이들에게 자기 아이들이
어릴 때 보았던 동화책을 한 아름 주면서 아이들에게 동화책을
읽어주는 방법을 가르쳐주는 등 가난한 유학생의 자녀교육에도
도움을 주셨다.

내가 미국 내에서 그리고 귀국 후 새 주소를 드리면 매년 잊지
않고 크리스마스 카드를 보내시곤 하셨다. 선생님은 재임하는 동

안 대학원생, 특히 외국학생들의 멘토로 활동하시는 것을 자랑스럽게 생각하셨고, 한 때 소속 대학교의 최고 교수로 선정되시기도 하였다.

건축학 전공의 다정한 남편 사이에 두 아들과 세 손자를 두었고 두 명의 증손녀를 두셨다. 퇴직 후 지역복지센터에서 직장인들이 글쓰기와 읽기를 더 잘 하도록 돕는 일에 자원봉사자로 참여하셨고, 노인복지 프로그램의 슈퍼바이저(감독자)로도 활동하다 몇 년 전 85세에 암으로 별세하셨다.

나는 학교 다닐 때부터 나 자신이 선생님의 성실하고 따뜻한 일생의 한 부분이었음이 자랑스럽게 느꼈었다. 그런 분이 나의 스승이었다는 게 나에게는 큰 특권이라고 생각하였다. 그녀의 삶은 많은 친구들, 사랑하는 가족, 그녀를 존경하는 학생과 동료교수들로 채워져 있었고, 다른 사람을 돕는 일로 평생을 보냈으며, 그리고 귀한 학문적 업적을 남겼다.

세상 모든 사람은 성공과 실패, 즐거움과 고통의 연속인 인생항로를 지나가면서 무언가 이 땅에 족적을 남기고 기여하면서 살기를 원한다. 내가 선생님의 삶과 죽음을 단편적이나마 옆에서 지켜보며 내린 결론은, 인간의 육신은 없어지지만 그가 남긴 삶의 영향은 결코 없어지지 않는다는 것이다. 사람은 죽어 없어지지만 죽음이 끝이 아니라는 것이다. 죽음으로 모든 것이 끝나는 것이 아니라 오히려 죽음을 통해 살아있는 자에게 영향을 주는 방법이 많이 있겠지만, 그중 누구나 어렵지 않게 시도할 수 있는 것은 조의금의 처리이다.

미국에서는 개인적으로 혹은 신문이나 인터넷으로 부고할 때 조의금은 고인의 가족이 지정한 사회기관에 기부하도록 안내되는 경우가 많다. 선생님의 경우도 오랫동안 관계하셨던 청소년단체와 선생님이 투병생활을 하며 말년을 보낸 노인요양센터로 추모기부금(memorial donation)을 보내달라고 요청하였다.

이런 식으로 장례와 관련하여 친지와 조문객들에게 추모기부금을 요청하는 것은 미국 장례식에서는 흔히 있는 일이다. 이것은 서양 사람들이 자기의 이름을 세상에 남기는 한 방법이며, 고인의 죽음으로 살아있는 사람들의 삶의 어떤 부분에 아름다운 흔적을 남기는 방법이기도 하다.

최근 친구 부모님들과 친척 어르신들의 장례가 부쩍 많아졌다. 그동안 자주 뵈었던 분도 있고, 자주 뵙지는 못했지만 예의상 조문하지 않으면 안 되는 그런 분도 있다. 의례히 검정 넥타이를 매고 장례예식장에 가서 방명록에 이름을 적고 조의금을 낸다. 수십 개의 조화로, 때로는 조화에서 떼어 낸 유명인사의 이름이 적힌 수백 개의 리본으로 치장한 장례식장에서 형식적인 조문을 하고 육개장 한 그릇 먹고 나오면 그것으로 그 분과는 이별이다.

그 분이 어떤 삶을 살았는지, 직업과 취미는 무엇이었고, 종교심은 얼마나 깊었으며, 어떤 훌륭한 일을 하였는지, 그리고 후손을 위해 무엇을 남기었는지 등에 대한 이야기를 자세히 들려주는 사람이 없다. 유족의 사회적 명성 혹은 나와의 친분 정도에 따라 조의금 액수의 규모가 결정되는 '비인간적인' 관행이 자행되는 곳이 장례식장이라고 말한다면 내가 너무 불경스러운가?

특히 조문객이 몇 명 왔으며, 조의금은 얼마가 들어왔고, 들어온 조의금에서 장례비용을 빼고 나머지는 가족들이 나누어 갖고, 그러다가 분배 액수에 관해 불만이 생기면 형제간에 싸움질까지 한다는 이야기를 듣는 대목에서는 한심하기도 하다.

아주 가난한 경우를 제외하고, 장례비용은 당연히 자식들이 부담해야 한다. 그리고 조문객으로부터 받아들인 조의금은 고인이 생전에 관계하였던, 혹은 고인의 삶의 정신을 살릴 수 있는 단체에 기부하는 아름다운 문화가 보급되어야 하겠다.

살아생전에 큰 업적을 쌓아 세상에 좋은 영향을 끼친 분도 있을 테고, 생전에는 그리 큰 업적을 나타내지는 못했다 해도 죽어서 좋은 영향을 끼치는 방법이 있으니, 그것은 자식들이 조의금을 사회적으로 값지게 쓰는 것이다.

고인이 생전에 자기의 재산이나 조의금을 어떻게 쓰도록 유언장에 지정해 놓는다면 더 확실한 방법이 될 것이다. 나의 삶이, 아니 나의 죽음이 세상에 아름다운 여파를 남길 수 있도록 유산 기부나 조의금 기부 운동이 활발히 전개되어야 할 필요가 있다.

노년기 평생교육은
노년기가 갑작스럽게 다가와
우물쭈물하는 사이에 그냥 흘러가는 것이 아니라
뭔가 의지적인 계획에 의해 이루어질 수 있도록,
그래서 개인뿐만 아니라
사회 전체적으로도 많은 긍정적인 이익이
돌아갈 수 있도록 하는 데 의의가 있다.

즐거운
노년

_2_

제 3 의 인 생 설 계 , 신 노 년 문 화

노년기
평생교육

   1970년대 프랑스에서 제3의 인생대학이 시작된 이후 전 세계적으로 고령사회의 암운에 대한 염려와 대책이 난무한 가운데 성공적이고 긍정적인 노년생활을 위해서는 평생교육(life-long education)이 중요하다는 주장이 힘을 얻고 있다. 인생의 후반부에 이루어지는 평생교육은 인생의 전반부에 취업과 사회적 기술을 얻기 위해 이루어지는 정규교육 혹은 직업교육과는 달리 인지적 및 사회적 기능을 유지하면서 삶의 재미와 보람을 느끼게 하는 교육이다. 건강하고 사회적 활동이 많은 사람만을 위한 것이 아니라 병약하고 폐쇄적인 삶의 양식을 가진 사람에게도 필요하다. 전문직에 종사하던 은퇴자에서부터 뭔가 아름다운 삶의 마감을 원하는 촌로에 이르기까지 평생교육의 대상자는 다양하다. 퇴직

준비에서부터 죽음 준비에 이르기까지, 그리고 대인관계훈련에서부터 생산적 활동에의 참여에 이르기까지 노년생활을 의미 있게 보내며 에너지를 재충전하기 위한 다양한 내용이 포함된다.

노년기 평생교육은 노년기가 갑작스럽게 다가와 우물쭈물하는 사이에 그냥 흘러가는 것이 아니라 뭔가 의지적인 계획에 의해 이루어질 수 있도록, 그래서 개인뿐만 아니라 사회 전체적으로도 많은 긍정적인 이익이 돌아갈 수 있도록 하는 데 의의가 있다. 나아가 노인은 비생산적 인구집단이고 사회적 짐이라는 인식을 불식시키고 가정과 사회에서 진정한 어르신으로 존경을 받는 지위 회복의 차원에서 평생교육의 의의를 찾을 수 있을 것이다.

마틸다 릴리(Matilda Riley)는 "생애 전반에 이루어지는 교육의 기회"라는 논문에서 인생의 주과업인 교육, 노동, 여가의 3요소가 전 생애에 걸쳐 균형있게 시행되는 사회를 연령통합적 사회, 그렇지 못한 사회를 연령차별적 사회라고 규정하였다. 전자는 개방사회, 후자는 폐쇄사회라고 하였다. 노년기에 여가를 즐기는 적절한 기회가 주어지는 것은 물론 지속적인 교육이 이루어지고, 일할 의욕과 능력이 있는 노인에게는 노동의 기회가 부여되는 사회가 발전적인 사회라는 것은 이론의 여지가 없다.

평생교육은 교육대상의 욕구에 따라 재무, 재취업, 건강, 주택, 가족, 심리, 여가 등 다양한 영역에서 이루어질 수 있다. 최근 베이비붐 세대의 대거 은퇴와 관련하여 이들을 사회적인 성장 동력으로 활용할 수 있는 방안이 모색되고 있는데, 평생교육은 이 같은 국가적 기획을 실행하는 중요한 방법이다. 결국 우리 사회의 고령화 문제를 해결하고, 즐겁고 보람된 노년생활을 보장하기 위해 평생교육이 담당할 수 있는 부분은 대단히 많이 있다.

그런데 이와 같이 중요한 과제를 누가 주도할 것인가? 당연히 정부가 주도해야 할 것이다. 기업, 대학, 종교기관, 사회복지기관 및 시민단체들도 조직체의 목적에 따라 노년기 평생교육에 참여해야 하겠지만, 여건을 조성하고, 재정적 지원을 하고, 프로그램의 추진력을 제공하는 주체는 역시 정부이어야 한다. 필요하다면 노인평생교육 전담기관을 설립하고 노인평생교육전문가를 배출하는 교육제도를 도입할 수도 있을 것이다. 그러면 정부 내 어떤 부서가 맡아야 할 것인가? 과거 노년기 평생교육은 교육부, 노동부, 복지부가 찔끔찔끔 맡아왔다. 교육부는 평생교육 차원에서, 노동부는 인력활용 차원에서, 그리고 복지부는 노인복지 차원에서 조금씩 맡아왔지만 어느 부서가 주도하고 있다는 평가를 내리기는 어려운 상태이었다. 세 부서가 평생교육의 내용을 이리저리 쪼개어 협력하지도 못했다. 평생교육이라는 공을 갖고 정부 내 여러 부서가 핑퐁게임을 하고 있는 사이 우리 사회는 고령화 사회를 맞이하였고 노인의 삶은 가난과 고독으로 추락하고 말았다. 과거에 노년기 평생교육은 교육부가 주도적으로 맡아서 육성해야 한다는 주장이 우세했으나, 나는 이제 이걸 복지부가 맡아야 한다고 주장하고 싶다. 어차피 교육부와 노동부는 중고령자라고 불리어지는 50대 후반과 60대 초반의 젊은 노인에게 관심이 있을 것임에 반해, 수명 100세를 지향하는 장수시대에 젊은 노인을 포함하여 최고령의 노인까지 노인인구 전체에 대한 삶의 질 향상을 추구하는 일은 복지부가 적절하기 때문이다.

복지부 산하의 국민연금공단은 전국에 있는 공단지사와 상담센터에 140곳의 '행복노후설계센타'를 열고 재무상담을 중심으로 일자리, 건강, 여가 등 생활영역 전반에 걸친 상담서비스를 제공하고 있다. 그곳의 상담가는 재무영역만이 아니라 평생교육과 노년생활에 관한 전문적인 상담서비스를 제공해야 할 것이다. 최근 민간기관들이 은퇴설계 교육과정을 만들어 전문상담가를 육성하려는 움직임이 있는데 정부는 이를 적극 지원해야 할 것이다.

한때 복지부 베이비부머 정책기획단은 노인인력개발원에 위탁하여 노령지식인 사회참여사업을 시도한 적이 있다. 개발원은 수백 명의 노인이 참여하는 시범사업을 통해 좋은 모델을 개발하여 전문성을 갖고 있는 노인인력을 창의적인 공익사업에 참여시키는 프로젝트를 실시하였으나 오래 지속하지 못한 아쉬움이 있다.

10여 년 전 복지부는 국가의 엄청난 인적자원인 자원봉사자 관리의 주무 행정부서 자리를 행정자치부에 내어 준 아픈 경험을 갖고 있다. 시대의 조류를 안일하게 보았던 탓이다. 이제 노인복지를 생산적 틀로 엮는 작업의 주요 통로인 평생교육 업무를 또 다른 부서에 뺏기지 않기 위해, 그리고 고령화 사회가 위기가 아니라 기회로 전환되는 새로운 패러다임을 구축하기 위해 복지부가 발 빠른 움직임을 보여줄 것을 기대해 본다.

단체 활동의
잇점

　노인복지의 많은 주제 중 여가선용을 중요한 것으로 꼽는 이유
는 노년기의 그 많은 시간을 어떻게 재미있고 보람되게 보내느냐
하는 것이 문제가 되기 때문이다. 우리나라 노인들은 젊었을 때
여가에 관한 다양한 지식과 경험이 부족했기 때문에 노년기에 들
어와서 여가를 즐길 수 있는 시간이 많아졌다 하더라도 의미 있
는 여가선용을 계획하지 못하는 경향이 있다. 특히 집단적이고
조직적인 여가선용의 경험과 훈련이 부족하기 때문에 특정한 목
적을 갖는 노인단체를 조직하여 지속적인 단체활동을 하는 경우
는 그리 흔하게 발견되지 않는다. 단체를 통한 노인여가활동은
다음과 같은 점에서 의의를 찾을 수 있다.
　첫째, 단체 구성원과 동반자 관계를 가지면서 서로 격려하고 사기를 북돋운다. 노인들이 회원으로 가입하고 있는 단체는 공통의 취미와 관심을 위한 프로그램을 갖고 있을 텐데 여기에 참여하는 노인들은 상부상조의 정신으로 모이면서 노년기 삶을 재미있고 보람되게 보낼 수 있는 방법에 관해 서로 정보를 교환하고 격려할 수 있다. 젊은이와 함께 하는 단체활동도 좋지만, 노인들끼리 모이는 단체활동은 심리적으로 편안하다. 단체활동은 축소된 노인의 사회적 관계를 확대시킨다.

둘째, 타인과의 다양한 인간관계 속에서 적절한 정신적 자극을 받는다. 이런 적절한 자극과 긴장은 정신건강에 도움이 된다. 사람은 어릴 때부터 경쟁과 협력을 통해 사회성을 향상시킨다. 노인들이 모이는 다양한 단체에서 자발적인 혹은 의무적인 과제를 수행하는 동안 이루어지는 타인과의 다양한 인간관계는 정신적 자극을 제공하고 이는 건강한 정신활동을 돕는다. 전국 6만여 곳에 산재해 있는 경로당에 경로당활성화사업을 통해 적절한 신체적 및 정신적 자극을 제공하면 그곳을 이용하는 300만 명의 노인의 삶에 긍정적인 변화를 일으킬 수 있다. 다만 자극을 제공하는 사람이 잘 훈련된 사람인가, 그리고 그 자극이 효과적으로 제공되기 위한 환경조성이 잘 되어있는가 하는 것이 관건이다.

셋째, 집단심리를 이용하여 혼자서는 무력감 때문에 할 수 없었던 일을 시도할 수 있는 자신감을 얻는다. 어릴 때 친한 친구관계가 형성되는 이유는 그 친구들끼리 뭔가 모험을 감행했기 때문인 경우가 많다. 단체활동을 통해 친구관계가 형성된 노인들은 이제 혼자서는 언감생심 시도하지 못했던 집단행동을 시도할 수 있게 된다. 그것은 때로 창의적이기도 하고 때로 도전적이기도 하다. 유아기의 어린이가 창의적이듯 노년기 어르신도 창의적일 수 있다는 게 학계의 정설이다. 창의성이 발휘되는 것을 방해하는 심리적 및 사회적 제약을 풀어주는 것이 과제이다. 어릴 때 치기어린 행동에 사회가 관용하였듯이 노년기의 객기어린 행동에도 사회가 관용을 베풀어야 할 것이다.

넷째, 노인단체는 지역의 여러 사회단체 및 행정관서와 관계하면서 지역사회 노인의 입장과 이익을 대변할 수 있다. 사회학자들은 사회를 공동사회와 이익사회로 나눈다. 공동사회나 이익사회를 추구하는 것 모두 사회발전에 중요하다. 이젠 우리나라도 노인단체가 노인의 이익을 대변하는 활동을 할 수 있어야 한다. 노인이 사회적으로 폄하되고 노인의 권익이 제대로 보장되지 못하고 있다고 판단될 때 노인권익을 실현하는 것을 주목적으로 하는 노인단체의 출현도 바람직하다. 미국에 회색의 표범(Gray Panthers)이라는 노권단체의 활동을 보라.

노인단체는 정부의 지원을 받는 단체와 민간 스스로의 열정으로 모이는 단체로 구분할 수 있을 것이다. 경로당이나 노인복지관, 혹은 대한노인회 같은 곳은 노인의 단체활동이 노인의 신체 및 정신 건강에 도움이 된다는 측면에서 정부의 지원을 받는 단체이다. 그러나 앞으로는 정부지원 없이도 특정한 목적을 갖고 자력으로 운영되는 민간단체가 많이 출현될 것이다.

특히 베이비붐 세대가 노인이 되면 다양한 사회참여 욕구를 분출할 텐데, 정부지원단체에 참여하는 것만으로는 충분한 만족을 얻을 수 없을 것이다. 종교를 배경으로 하는 봉사단체, 노인의 학습욕구을 해소하는 교육단체, 예술적 창의성을 함양하는 문화단체, 노인소비자를 보호하는 소비자단체, 노인권익신장을 추구하는 노권단체, 그리고 여성·노동·평화·환경 영역의 다양한 사회단체들이 능력 있는 노인들의 참여를 기다리고 있다.

앞으로 우리나라는 노인이 사회적 주변인으로 추락하는 것이 아니라 사회적 주류의 일원이 되어 당당하게 활동하는 것이 노인과 젊은이 모두에게 이익이 된다는 인식의 변화가 일어날 것이다. 그러한 관점에서 사회적 활동에 참여할 의사와 능력이 있는 노인인력을 값싸고 단순한 일자리가 아니라 보다 더 즐겁고 생산적인 일에 효과적으로 활용할 제도의 마련이 필요하다. 이러한 인식전환은 점차 어려워져 가는 고령화 사회의 숙제를 푸는 좋은 방법이기 때문에 민·관이 지금보다 더 긴밀한 협력을 추구해야 할 것이다.

노인
예절

아파트 승강기에서 주민들끼리 항상 인사하지는 않는 것 같다. 서로 잘 아는 사람들끼리야 인사도 하고 이런저런 대화도 하지만, 분명 같은 동에 살고 있는 것을 알면서도 교분이 없었던 사람들 간에는 서로 못 본 체 하는 경우가 많다. 어색하게 헤어지고 나서는 '도시에서는 서로 모르고 지내도 괜찮아' 하는 마음으로 위안을 삼는다. 도시인의 삶에 나타나는 익명성은 편리하기도 하지만 한편 극단적인 개인주의와 몰인간성을 낳는다.

승강기에 어린 학생이 타서 인사를 안 하면 노인들은 대체로 요즘 아이들은 예절이 없다고 비난한다. 가정교육이 못 되어 먹었고, 학교에서도 예절교육을 잘 시키지 않아 아이들이 버릇없이 커나간다고 한탄한다.

그러나 따지고 보면 요즘의 아이들은 예절교육을 받을 겨를이 없다. 유치원에서는 영어를 배우기 시작해야 하고, 초등학교부터는 선행학습을 해야 하고, 고등학교 때에는 좋은 대학을 가기 위해 하루 저녁에 두 세 개의 학원을 소화해 내야 한다. 가정에 아이도 하나뿐이어서 부모는 이 아이를 애지중지 키우느라 인간의 법도와 예절을 가르칠 생각을 못한다. 아이들이 어른을 보고 인사 안 한다고 꾸지람을 주기에는 아이들이 너무 비인간적인 환경에서 성장하고 있다

승강기에서 노인들이 먼저 아이들에게 인사할 수는 없을까? "안녕! 잘 지내니? 요즈음 많이 바쁘지? 너 아주 공부 잘하게 생겼다!" 까불이 녀석, 피곤해 보이는 녀석, 시무룩해 보이는 녀석, 각각에 대해 적당한 인사말을 생각해 내서 먼저 해주면 어떨까? 이번에는 그냥 고개를 꾸벅 하고 내리는 녀석이라도 다음번에 만나면 틀림없이 먼저 인사할 것이다.

어떤 노인들은 '내가 나이를 이만큼 먹었으니 이런 정도의 말이나 행동은 괜찮겠지!' 하고 무례한 언행을 일삼는 경우도 있다. 동료 간이나 손아래 사람에게 말을 아무렇게나 해서 상대방의 기분을 상하게 하는 노인들도 많다. 게다가 남루한 의복에 단정치 못한 외모는 노인을 혐오스럽게 보이게 할 뿐 결코 존경의 대상으로 보이지 않게 한다. 소수의 예절 없는 노인들 때문에 전체 노인들이 손해를 본다. 그 몇몇 때문에 노인에 대한 이미지가 부정적으로 확대된다. 나이를 많이 드신 분이 의상이 단정하고 언

행이 부드럽고 친절하면 그런 분에게는 따뜻한 친근미가 느껴지고 공경해 드리고 싶은 마음이 든다.

예절이란 사람이 살아가는 기본 도리로서, 개인적으로는 절제의 도를, 사회적으로는 질서의 도를 지키는 것이다. 예절을 잘 지키는 사람은 품격 있는 삶을 살아간다고 할 수 있다. 예절은 아랫사람이 윗사람에게 보이는 행동이 아니라, 모든 인간관계를 의미 있게 규정하는 덕목이다. 부부 간에, 친구 간에, 선후배 간에, 타인과의 관계에서, 그리고 연령 고하를 막론하고 모든 인간관계에 적용되어야 하는 가치이다.

몇 년 전 지하철에서 노인 한 분이 죽임을 당한 사건이 발생했다. 그 노인은 열차 안에서 한 고등학생에게 자리를 양보하지 않는다고 호통을 쳤는데, 체면이 상한 그 학생은 노인이 내리는 역에 같이 내려 계단에서 그 노인을 아래로 밀어버렸다. 아랫사람에게 예절을 지키지 못해 발생한 불상사이었다.

나는 유학시절에 다니던 교회의 나이 많은 장로님을 아직도 잊지 못하고 있다. 추수감사절에 그 장로님이 누추한 우리 집을 찾아 오셨다. 학생들이 공부하기도 바쁜데 교회 일에 너무 수고가 많아서 고마운 마음을 전하러 왔다 하시면서 자그마한 과일 바구니를 선물로 들고 오셨다. 나는 얼떨결에 그 선물 바구니를 받았지만 정말 이렇게 받아도 되는건가 하고 한동안 망연자실할 수밖에 없었다. 명절이면 아랫 사람이 윗사람에게 선물을 드리는 전통을 깨고, 본인이 직접 선물을 들고 오셔서 예절의 모범을 보이신 그 장로님 덕분에 나는 나이는 어떻게 먹는 것이 좋겠는가 하는 것을 생각해 볼 기회를 얻게 되었었다.

'예절교육' 하면 어린 여자 아이들이 한복을 입고 동네 어른들에게 큰 절하는 것이 떠오른다. 이게 예절교육의 전부는 아닐 것이다. 예절교육은 어린 학생들만을 대상으로 할 게 아니라, 노인들을 대상으로도 해야 할 것이다. 노인복지관이나 노인대학 등 사회교육기관에서는 노인을 대상으로 하는 현대식 예절교육 프로그램을 개발해야 한다.

그 프로그램에는 인간관계 향상을 위한 교육, 나와 타인의 생각과 느낌을 효과적으로 전달하고 받아들이는 감수성훈련 혹은 심성개발훈련, 손자녀들과 대화하기 위한 청소년심리론 등이 포함되어야 한다. 그리고 노인의 이미지를 긍정적으로 만들 수 있는 노인 패션과 외모 가꾸기 등도 있었으면 좋겠다. 예절교육을 잘 받은 노인들은 이제 진정 어르신으로서의 권위를 회복하고 사회로부터 존경과 사랑을 받게 될 것이다.

경로당을
생각한다

　마이클 라이트너(Michael Leitner)라는 노년학자는 「노년기 여가」라는 책에서 노인의 여가활동을 계획할 때 ① 건강증진, ② 사회적 접촉과 사귐의 기회증진, ③ 사기와 생활만족감 증진, ④ 신체적 및 정신적 자신감 증진, ⑤ 자기가치성과 자기유용성 확대, ⑥ 자립성 향상을 고려해야 하고, 특히 ⑦ 재미있고 즐거운 삶을 얻을 수 있도록 계획되어야 한다고 주장한 바 있다.

　이러한 관점에서 우리나라 경로당을 관찰해 보면 거리가 먼 느낌을 지울 수 없다. 경로당이 노인복지법상 노인여가복지시설로 규정되어 있지만 현실은 마땅히 갈 곳이 없는 노인들이 잡담이나 하는 휴식공간 정도인 곳이 많다. 경로당 수는 매년 엄청나게 늘어난다. 전국적으로 매년 2~3천 개 이상씩 늘어나는 것 같다. 10

년 전에 5만 개 정도이었던 것이 최근 수치를 보니까 7만 개를 육박하는 것으로 나타났다. 그 중에는 아마 국회·시·도·구 의원 선거의 선심공약의 결과도 많이 있을 것이다.

경로당은 25년 전에 필자가 박사학위 논문을 쓴 주제이기 때문에 항상 관심이 있었다. 경로당은 농촌사회의 사랑방 같은 자연발생적인 조직이 현대사회에서 노인복지의 기능을 다소 포함하는 조직으로 발전된 것이다. 경로당은 대체로 지역 노인의 1/3 정도가 참여하는 꽤 커다란 조직이 되었지만, 그러나 나머지 2/3는 관심을 보이지 않는 다소 폐쇄적인 조직이다.

어떻든 지역의 많은 노인들이 참여하고 있기 때문에, 어떻게 하면 경로당을 통해 노인의 삶의 질을 향상시킬 수 있을까 하는 것이 항상 거론되었다. 노인들이 경로당을 통해 보람되고 즐거운 삶을 살기 위한 다양한 정보도 얻고, 활기찬 노년생활에 필요한 교육과 상담도 좀 받고, 지역사회에서 제공하는 건강증진 프로그램에도 참여하고, 무엇보다 사람은 먹는 것이 중요하니까 영양식으로 제공되는 점심도 드시면서 환담도 하는 모습을 그려보는 것이다.

다행히 지난 2000년부터 정부가 경로당 활성화 사업을 시작하여 노인종합복지관 등 전문사회복지기관이 경로당 활성화 프로그램을 주도할 수 있도록 지원함으로 경로당에 다니는 노인들에게 유익한 프로그램을 제공하게 되었다. 그러나 얼마 전 서울복지재단에서 실시한 「서울시 경로당 실태조사 및 발전방안 연구」를 보면 노인들이 선호하는 프로그램으로 노래교실, 야외나들이, 점심제공, 건강예방체조, 물리치료 등이 가장 많이 선택되었고, 좀 전문적인 것이라고 여겨지는 신문토론, 노인부업, 한글 및 산수 교육, 교양강좌 등은 거의 선택되지 못했다.

이러한 연구결과는 경로당에 전문 복지서비스를 제공하는 것이 바람직할까 하는 의문을 낳게 한다. 마땅히 갈 데가 없는 노인들이 그냥 쉬고 놀러 다니는 정도로 생각하는 경로당에서 노인들의 삶의 질을 향상시켜 보겠다고 전문 프로그램을 실시하는 것이 오히려 그들을 귀찮게 하는 것이 아닌가 하는 의문이 드는 것이다.

그러함에도 불구하고 경로당은 우리나라 노인복지의 중요한 거점이 될 수 있고, 또 되어야 한다. 편한 마음으로 다니는 경로당이지만 거기에 어느 정도 전문적인 프로그램을 실시함으로 노인들이 현대사회의 주류 물결에서 계속 밀려나 있지 않도록 해야 할 필요가 있다. 왜냐하면 전국의 모든 동 단위에서 노인들이 단체적으로 모이는 것은 경로당이 거의 유일한데, 경로당이 지역주민들에게 부정적 이미지를 주게 되면 우리나라 노인 전체를 부정적인 눈으로 바라보게 하여 노인복지정책을 왜곡시킬 수 있기 때문이다.

한 경로당의 이미지는 우리나라 전체 노인의 이미지와 맞닿아 있다. 예를 들면, 노인은 경로와 돌봄의 대상일 뿐 노인에게 창의성과 생산성을 기대하는 것은 무리라는 인식이 사회 저변에 자리잡게 되면 노인 일자리 사업은 어려움을 겪게 될 것이다. 잡담이나 하고 화투나 바둑으로만 소일하는 것으로 비춰지는 경로당에 의미 있는 사회활동을 하기 원하는 노인이 즐겨 참여하겠는가? 앞으로 점점 더 의식 있고 활동성이 강한 사람들이 노년층으로 편입될텐데 이들을 경로당으로 끌어들여 경로당이 어느 정도 노인복지센터의 기능을 할 수 있기 위해서는 경로당의 이미지와 기능이 변화되어야 할 것이다.

몇 년 전부터 서울시는 '경로당 문화 르네상스' 사업을 시작하였는데 이는 아주 좋은 발상이다. 경로당 공간을 리모델링하여 좀 더 생동감 있고 개방적인 인상을 주는 디자인으로 재창조하고, 문화활동을 하는 노인클럽을 육성하며, 지역 내 노인종합복지관과 연계해 1 경로당 1 특화 프로그램을 운영하는 것을 지원하는 것이다. 그러나 경로당에 다니는 노인들의 의식이 개선되지 않아 그 특화 프로그램을 수용하지 않는다면 별다른 효과가 없을 것이다.

경로당이 문화클럽의 형태를 갖고 다양한 서비스를 제공하는 조직으로 발전되는 일은 '지역복지계획'의 일환으로 추진되어야 할 것이다. 한 경로당 전체가 이 특화사업으로 전환될 수도 있고, 규모가 큰 경로당의 경우 공간의 일부를 이 특화사업을 위해 할애할 수도 있을 것이다.

특화사업으로는 현재 일부 경로당에서 이루어지고 있는 노인주간보호센터 이외에 노인자원봉사센터, 노인체육센터, 노인상담센터, 노인문화센터 등이 있을 수 있다. 이런 센터에서는 전문가가 순회하면서 노인의 삶에 뭔가 구체적인 도움을 주기 위한 프로그램을 실시하는 것이다. 때로 노인의 잠재력을 개발한다는 차원에서 노인들 스스로가 그런 프로그램을 개발할 수 있도록 도울 수 있을 것이다.

이런 특화사업이 추진되면 그동안 폐쇄적으로 운영되어 왔던 경로당 공간이 지역사회에 개방되어 참여하지 않던 노인들도 참여하게 될 것이다. 나아가 다른 동네에 거주하는 노인들도 이 프로그램을 이용하기 위해 자유로이 경로당을 옮겨 다닐 수 있게 될 것이고, 청장년층의 주민들도 출입을 하게 될 것이다. 이렇게 되면 결국 경로당은 지역사회의 건전한 여가활동의 거점으로 발전될 수 있을 것이다. 이러한 일은 정부의 예산을 더 필요로 하며, 노인을 위한 전문가의 참여가 활성화되어 노인복지에 크게 기여하게 될 것이다.

여가서비스
마케팅

　얼마 전 국민연금연구원이 발표한 「한국 노년층의 여가활동 유형화 및 영향요인 분석」이라는 보고서에 따르면 노년층의 72%는 여가활동 참여시간이 저조하고 두드러진 여가활동 패턴이 나타나지 않는 여가부족형이다. 대략 노인 3명 중 2명은 마땅히 할 일이 없어 노년기를 무료하고 지루하게 보낸다는 것이다.

　우리나라는 노인문제가 불거지기 시작한 20~30년 전부터 노인을 사고(四苦), 즉 빈곤, 질병, 고독, 무위로부터 어떻게 벗어나게 할 수 있을까를 고민하여 왔다. 국가적으로 노후생활 안정, 복지증진 및 사회참여를 확대하기 위해 '노인복지법'을 계속 개정하여 왔고, 사회적으로 노인복지서비스 프로그램을 개발하여 경로당활성화사업, 자원봉사사업, 노인일자리사업, 사회공헌활동사업, 중고령전문인력활용사업 등을 통해 무료하게 지내는 노인들을 독려하여 무언가 보람 있는 일에 참여할 수 있도록 하는 사업을 전개하여 왔다. 노인복지관을 증설하고, 노인클럽을 설립하도록 지원하기도 하였다.

그런데 여전히 노인들 대다수가 특별히 하는 일 없이 무료하게 시간을 보낸다는 소식을 접하고 답답한 마음을 금할 길 없었다. 적어도 정부가 제공하거나 지원하는 서비스를 모든 노인이 자유로이 이용할 수 있다면, 신체적으로 젊을 때만큼 활기 있지는 못해도 인생의 마지막을 재미있고, 의미있고, 편안하게 보낼 수 있지 않을까? 노인복지의 목적은 최소한의 인간다운 삶을 유지하면서, 인생의 높고 낮은 파도를 잘 견뎌오면서 얻은 삶의 지혜를 후손들을 위해 전수할 기회를 주고, 인간에게 유한성을 둔 신의 뜻을 찾으며 삶의 마지막 부분을 감사하게 마무리할 수 있도록 돕는 것이라 생각한다.

사회복지서비스 프로그램 개발에 있어서 중요한 고려사항으로, 서비스 대상자가 서비스 이용(service utilization)을 어떻게 하는가 하는 문제가 있다. 아무리 좋은 건물을 짓고 훌륭한 서비스를 개발해 놓아도 그 서비스를 이용해야 하는 대상자가 이를 외면하면 소용없다는 것이다. 서비스를 이용하는 사람이 주로 돈이 많거나, 건강이나 사회성이 높거나, 낙인에 대한 두려움이 없거나, 정보와 교통을 손쉽게 얻을 수 있는 사람들이고, 그렇지 못한 사람은 이용을 꺼리거나 주저하게 된다면 그건 좋은 정책이 아니다.

　따라서 제도를 만들고 서비스를 개발하는 것 이외에도 서비스 이용자의 심리와 이용환경까지도 고려한 프로그램 개발이 필요한 것이다. 이용환경에는 비용, 가족 및 주거 상황, 접근성, 교우 관계 등이 포함된다. 서비스가 제대로 잘 이용될 수 있도록 소비자 입장에서 여러 가지를 고려하고 배려하는 것을 '서비스 마케팅'이라 부를 수 있겠다.

　학술적으로, 마케팅이란 교환을 창출하기 위해 아이디어, 제품 및 서비스에 대한 발상, 가격결정, 유통을 계획하고 실행하는 과정을 말한다. 즉, 마케팅이란 시장 조사를 실시하고, 제품 생산과 유통의 목적과 목표를 정하고, 제품판매를 효과적으로 하기 위하여 설득력 있는 전달기술을 고안하여 그 가운데서 최상의 것을 선택하는 활동을 말한다.

　노인을 위한 여가서비스도 마찬가지이다. 노년기 삶에 활력을 주고자 개발한 여가서비스를 노인들이 편리하게 이용할 수 있도록 하기 위해서는 우선 이용을 방해하는 요인을 찾아 이를 해소하고, 개별형이나 그룹형 등 맞춤형 서비스를 개발해야 할 것이다. 독거노인 등 사회적으로 고립되기 쉬운 노인에 대한 적극적인 아웃리치(outreach) 노력이 필요하다. 특히 현재의 노인만이 아니라 베이비붐 세대의 참여를 위해서는 그들의 기호에 맞는 서비스가 개발되고, 그 서비스를 손쉽게 이용할 수 있도록 여건을 만들어야 할 것이다. 서비스 이름도 부정적 이미지를 갖는 '노인'

이란 말보다 '시니어', '어르신' 등 긍정적 이미지를 갖는 이름을 쓰는 것이 좋을 것이다.

　미국 중산층 노인들에게 가장 인기가 있는 프로그램으로 교육·여행·봉사의 경험을 제공하는 엘더호스텔(Elderhostel)이라는 단체가 있는데, 이 단체는 10여 년 전 여가서비스의 저변을 확대하고 신세대 노인의 기호에 부응하기 위해 그 이름을 로드스칼러(Road Scholar)라고 바꾸었다. 노인에게 '여행 중 숙식을 제공한다'는 이미지를 갖는 단어를 '길을 걸으며 생각한다'는 이미지를 갖는 단어로 바꾼 것이다. 우리나라에서 노인을 위한 여가서비스 제공자들은 그 사례를 서비스 마케팅 차원에서 연구해 보면 좋겠다.

　노인을 위한 여가서비스는 향후 고령친화산업(소위 실버산업)의 주요 항목으로 발전될 것이고, 따라서 노인의 삶에 지대한 영향을 미칠 것이다. 노인을 위한 여가서비스 마케팅에서 한 가지 주의할 점은 여가서비스의 '편중현상'이다. 여가서비스가 주로 건강하고 경제적으로 여유있는 노인을 대상으로 개발되는 현상, 농촌보다 도시에 집중되는 현상, 정부에서 제공하는 여가서비스는 주로 중하층 노인이 무료로 이용하고 민간이 제공하는 여가서비스는 주로 중산층 노인이 유료로 이용하려는 현상 등은 노인계층 안에서 차별을 심화시킬 것이다.

우리는 오랫동안
점잖은 노인, 권위 있는 노인에 익숙해 왔다.

천진난만한 어린아이와 같이 잘 웃고,
활발하고, 자유로운 감정표현을 하며,
장난기 있는 노인을 경원시해 왔다.

그러나 어린아이의 마음은
성인과 노인이 되어서도 사라지지 않고 잠재되어 있으며,
오히려 이러한 마음이 적절하게 발휘되어야
건강한 사람이다.

창의적
노년

_3_

제 3 의 인 생 설 계 , 신 노 년 문 화

신노년문화를
생각한다

2008년 봄 내가 학회장으로 있던 한국노년학회는 서울시의 후원으로 한국프레스센터에서 '신노년문화(New Culture for Old Age)'라는 주제로 국제심포지엄을 개최하였다. 한국, 미국, 일본, 뉴질랜드 4개국의 신노년문화 현상을 소개하고 비교함으로써 좀 더 긍정적인 노년문화를 개척해 보자는 취지로 열린 심포지엄이었다. 학회 임원과 간사들의 철저한 준비 하에 발표자들이 좋은 내용을 발표하였으며, 입추의 여지가 없을 정도로 자리를 꽉 채운 청중들은 심포지엄이 끝날 때까지 자리를 지켜, 이 주제가 사회적으로 의미가 있다는 것이 증명되었다. 이 심포지엄을 개최하게 된 배경은 다음과 같다.

고령화 사회를 맞이한 우리나라는 사회적으로 다양한 영역에서 새로운 도전에 직면해 있다. 일반적으로 노인의 빈곤과 건강은 언제나 문제시 되고 있으나, 최근 경제적인 여유와 사회적인 활동성을 갖고 있는 건강한 노인들이 자기표현과 사회참여의 욕구를 상당히 강하게 분출하고 있다. 특히 곧 노년층으로 편입될 베이비부머(baby boomer)들은 풍요의 시대를 거치면서 개성 있는 삶을 살아왔기 때문에 사회는 이들의 욕구에 적절히 대응해야 하는 과제를 안고 있다.

근자에 노년학의 주요 연구 주제로서 생산적인 노년 혹은 성공적인 노년이라는 개념이 각광을 받고 있다. 적절한 건강관리를 통해 독립성을 유지하면서, 변화하는 환경에 잘 적응하기 위해 학습의 기회를 적극 활용하고, 의미 있는 사회활동에 참여함으로 노년기에 자아를 실현하고자 하는 삶을 말한다. 모든 노인이 다 이러한 삶을 구가할 수는 없는 것이지만, 이런 목표를 정하고 개인과 가정과 사회가 노력을 하는 것은 필요하다.

사실 신노년문화가 무엇인가 하는 것은 앞으로 계속 연구해야 할 과제이다. 그러나 적어도 이제까지 많은 사람들에 의해 인식되어 왔듯이 의존적이고 고통스러운 노년기가 아니라 생산적이고 활기차며 보다 긍정적인 모습을 추구하는 것임에는 틀림이 없다. 어른으로서 자기주장이 있고, 어린이와 젊은이에게 삶의 지혜를 나누어 줄 수 있는 자신감이 있으며, 경제적으로도 상당한 능력이 있어 자신의 라이프 스타일을 유지할 수 있는 노인들에 의해 향유되는 문화일 것이다. 이런 것들을 추구하는 노인들이 보이지 않는 영향력을 형성하면서 자연스럽게 신노년문화가 만들어지는 게 아닐까 생각한다. 신노년문화에 관심 있는 노년학자들은 이런 문화의 개념을 정의하고, 방향성을 제시하며, 구체적으로는 신노년문화를 표방하는 단체를 조직하고 프로그램을 개발하는 일을 하게 될 것이다.

그 심포지엄에서 관심을 크게 모았던 것은 미국 엘더호스텔(Elderhostel)의 부회장으로 있으면서 베이비부머들을 위한 새로운 프로그램인 로드 스칼러(Road Scholar)의 책임자인 브라이언 들레오(Bryan DeLeo)의 사례발표였다.

엘더호스텔은 미국 장노년층에게 가장 인기 있는 교육여행(educational travel) 프로그램을 운영하는 비영리법인이다. 이 단체는 학습과 여행을 혼합한, 때로는 봉사활동을 포함한 다양한 커리큘럼을 갖고 있다. 커리큘럼의 주제는 실로 다양해서 한마디로 표현할 수 없다. 과거에 필자가 관찰한 것으로는 미 동부 볼티모어시(Baltimore City)의 존스홉킨스 대학교(Johns Hopkins University) 피바디 음악대학(Peabody Institute)의 음악 관련 커리큘럼이 있다. 음대 교수로부터 음악 강의를 듣고, 연주회에 참여하며, 현대와 중세가 잘 어우러진 해안의 고적 도시를 관광하는 일정이다. 이 대학교는 기숙사 건물 한 동을 아예 엘더호스텔 참가자들을 위해 내놓고 있다.

등록금을 낸 수강자들은 전문지식을 배우면서 여행하는 즐거움과 공익적인 일에 봉사하는 보람을 만끽한다. 여행 목적지와 기간에 따라 적게는 400여 불에서 많게는 수천 불에 이르기까지 등록금은 다양하다. 1975년에 설립된 이래 약 400만 명의 장노년층이 참가하였으며, 현재 미국 내는 물론 전 세계 90개국에 8,000개의 교육여행 코스를 운영하고 있다. 과거에 한국을 여행지로 포함하는 코스도 있었는데, 일본에서 출발하는 크루즈 여정에 울산을 하루 경유하는 정도이었다.

엘더호스텔은 2004년 기관명을 아예 로드 스칼러로 바꿨다. 이는 베이비부머들을 포함해 개성 있는 노인들을 위해 착안한 변화였다. 또한 젊은이들이 참여할 수 있도록 참가연령을 21세 이상의 성인으로 낮추었고, 비교적 젊은 노인들의 취향에 맞게 교육여행의 내용과 방법을 수정하였다. 안전한 그룹투어 대신 일정한 지역에서 탐험적인 개별 여행을 하거나 가이드를 받고 다양한 형태의 숙식을 할 수 있도록 고안하였다. 학습에 있어서 연령차이를 고려하지 않고 성인이면 누구나 참여할 수 있도록 확대하였다. 그런데 이 기관의 이름이 재미있다. '길을 걷는 학자'라고나 할까? 여행을 하면서 배운다는 뜻일 것이다.

신노년문화는 다양한 영역을 포함할 것이다. 교육, 여행, 봉사는 물론이고 적극적인 취미활동, 공연, 스포츠, 시민활동, 권익운동 등이 있다. 본인의 취향과 능력에 따라 참여하면서 자기를 개발하고 즐거움을 누릴 뿐만 아니라 공익적인 활동에도 관여하는 것이다. 혹시 이런 활동을 기획하고 지원하는 영리·비영리 기관의 설립도 가능할 것이다. 그 회사가 이윤 추구만을 목적으로 하는 것이 아니라 사회적 기업(social enterprise)의 정신을 추구한다면 건전한 신노년문화를 발전시키는 또 하나의 좋은 요인이 될 수 있을 것이다.

이 심포지엄을 통해 노년학자, 노인관련 전문가, 정책입안자, 그리고 신노년문화를 향유하게 될 노인과 예비노인들이 노인에 관한 새로운 정보를 공유함으로써 좀 더 긍정적이고 창의적인 노년문화를 개척할 수 있는 계기가 마련되었다고 자평해 본다.

노년의
창조적 시간관리

당신은 혼자서 즐기는 취미가 있는가? 당신은 배우자, 성인자녀, 손자녀와 함께 어울리는 시간을 계획해 놓았는가? 당신은 같은 연배의 친구들과 함께 하는 의미 있는 활동이 있는가? 당신은 물질 혹은 자원봉사로 후원하는 단체가 있는가? 당신은 몇 년 동안 계속할 수 있는 새로운 모험을 시작하였는가? 이것들은 내가 퇴직준비교육을 위한 대중강연에서 청중들에게 노년기 여가시간을 어떻게 보내는 게 좋은가 하는 대목에서 묻는 질문들이다.

노년기 시간관리는 노년생활에 있어서 소득과 건강 못지않게 중요한 문제이다. 어떻게 해야 그 많은 시간을 잘 보낼 수 있을까? 많은 사람들은 퇴직 이후 10~20년의 세월을 특별한 계획 없이 그냥 흘려보낸 것에 대해 후회한다.

직장생활은 그럭저럭 잘 했고, 아이들도 큰 문제없이 잘 키웠는데, 이제 본인의 노년생활을 가장 적절한 방법으로 보낼 수 있는 방법은 무엇일까에 대해 고민을 안 해본 사람이 없겠지만 뚜렷한 해법을 찾지 못하는 경우가 많다. 이제까지 대과 없이 살아왔는데 이제 와서 무슨 새로운 시도를 해본다는 게 선뜻 내키지 않는 경우도 있다. 어떻든 노년기 시간관리는 전적으로 자기 책임 하에 이루어지는 것이고, 효과적인 시간관리를 할 수 있다면 노년생활은 상당히 다른 양상으로 전개될 수 있을 것이다.

청소년기엔 인생의 목표를 세워야 한다고 한다. 그런데 노년기엔 인생의 목표를 세우지 않아도 되는가? 청소년기에 세운 인생의 목표는 30~40년 앞을 내다보며 세운다. 이제 평균 수명이 연장되어 퇴직 후의 노년기가 30~40년이 되는데, 노년기 삶의 목표를 세우지 않는다면 그것처럼 큰 모순은 없을 것이다.

요즈음 정부와 기업, 대학과 민간단체에서 퇴직준비교육 프로그램을 개발하여 퇴직 예정자들을 많이 참여시키고 있는데 이는 아주 바람직한 현상이다. 베이비붐 세대의 대량 퇴직을 우리 사회가 충격으로 받아들이지 아니하고 개인적으로나 사회적으로 축복으로 받아들이기 위해 노년기 시간관리의 중요성은 아무리 강조해도 지나치지 않다고 말할 수 있다.

재산관리를 재(財)테크라 한다. 그러면 시간관리는 시(時)테크라 할 수 있다. 재산관리를 위해서 기술이 필요하듯 시간관리를 위해서도 기술이 필요하다. 재산관리를 위해 포트폴리오를 짜는 것처럼 시간관리를 위해서도 포트폴리오를 짜야 할 것이다. 전문가의 도움을 받으면 더 효과적인 시간관리를 할 수 있다. 어떤 일에 어느 정도의 시간과 에너지를 쏟을지 미리 설계하는 것이다.

젊었을 때는 주간이나 월간 단위의 설계도 필요했겠지만, 업적이나 성과로부터 자유로운 노년기에는 그것보다는 좀 길게 분기나 연간 단위, 혹은 5~10년 단위의 설계가 더 의미 있다. 노년기의 시간은 가족과 친구들과 함께 어울리는 것 이외에 대략 휴식과 운동, 오락과 취미, 자기 개발로 채워질 수 있는데 본인의 재정, 건강, 흥미 정도에 맞추어 설계를 할 수 있을 것이다.

이미 늦었다고 생각될 때가 가장 빠른 때라는 격언이 있다. 하루에 2시간 할애하여 어떤 공부나 취미를 시작하여 앞으로 10년 동안 계속한다면, 하루 8시간 일하는 것으로 치고 2.5년 동안 그 일을 추진할 수 있는 시간이 된다. 뭔가 처음 시작해서 2.5년 동안 열심히 하면 달성할 수 있는 일을 찾아보자. 석사학위 취득, 소설작품 발표, 서예전시회 출품, 색소폰 연주회 개최, 단전호흡 사범자격증 취득, 백두대간 완주…(사실 이것들은 내가 옛날부터 하고 싶었는데 아직 하지 못했던 것들임).

그런데 노년기 시간관리가 젊었을 때와 다른 점 하나는 창조적 시간관리가 가능하다는 것이다. 창조성(혹은 창의성)이란 돌연한 직관에 수반되는 경우도 있지만, 대체로 일생을 통해 계속되는 꾸준한 노력의 결과로 나타난다. 창조성을 연구하는 학자들은 얼마간 특정 영역에서 일정 양의 지식을 소유하는 것이 창조성을 발전시키는 데 필요하다고 본다.

그러니까 어느 날 갑자기 창조적인 사람이 되거나 창조적인 활동을 할 수 있는 게 아니고, 평소 생각하고 고민하고 노력한 끝의 어느 순간 창조성을 발휘할 수 있는 것이다. 우주의 생성에 관한 빅뱅이론과 같이 하나의 점에서 시작한 우주가 장구한 세월의 팽창 끝에 엄청난 에너지를 갖고 터져 무한 광대한 우주를 이룬 것과 같은 이치이다.

'꿈꾸는 노년'이라는 말이 있듯이 노년기는 자기의 꿈을 실현하기 위해 자기의 시간 전체를 다 들여도 괜찮은 시기이다. 그 꿈은 성과와 업적에 연연하지 않고 정말 인생에 있어서 한번 해보고 싶었던 일, 남들은 알아주지 않겠지만 나에게는 참 의미 있다고 생각해 왔던 일이다. 그 꿈을 실현하기 위해서는 다른 사람을 의식할 필요도 없으며 어떤 불편함도 견뎌낼 수 있다. 그 꿈을 이루기 위해 뭔가 새로운 지식과 기술이 필요하다면 그것을 습득할 수 있는 시간은 충분히 있다. 다만 무언가를 시작할 수 있는 용기가 부족할 뿐이다. 그 꿈은 젊었을 때부터 해오던 일의 연장선상에 있을 수도 있지만 전혀 새로운 것일 수도 있다.

꿈을 실현한다는 말은 꿈을 완성한다는 말과 다르다. 언제까지 그 일을 마쳐야 한다는 시간제한도 없다. 꿈을 이루어나가는 그 자체가 즐거운 것이다. 그리고 그 꿈은 전 세대로부터 지금까지 우리가 누려온 문화와 문명을 계승 발전하는 데 기여하는 일이라면 더욱 가치가 있을 것이다.

조지 베일런트(George Vaillant)는 수십 년간 하버드대학 성인발달연구를 주도한 후 집필한 「Aging Well」(「멋있게 늙어가기」, 「행복의 완성」으로 번역됨)이라는 책에서 "노년의 삶을 즐길 줄만 안다면 노년은 온통 즐거움으로 가득 채워질 것이다"라고 주장하였는데, 노년기에 창조적인 시간관리를 해보고자 하는 사람은 이 주장을 되새겨볼 필요가 있다.

신나는
노년

    20여 년 전 어느 아침 영국 켄트지방 곡창지대의 넓은 밀밭에 밀이 짓눌려 있는 직경 수십 미터의 크고 작은 원형들이 발견되었다. 이 원형들은 전날 들판에서 일했던 농부들이 본 적이 없는 것이라 밤중에 생긴 게 분명했다. 주변엔 발자국 등 어떤 흔적도 없었고 원형 자체도 기하학적으로 완벽해 마치 거대한 원형물체가 내려앉았다가 뜬 자리 같았다. 동네 주민들에서부터 외계의 비행접시가 다녀갔다는 소문이 퍼지기 시작했다.

    이 원형들은 밀이 시계방향으로 일정하게 눌려있고, 그 자국이 아주 정교했기 때문에 UFO(미확인비행물체) 연구가들을 들뜨게 했다. UFO 착륙 흔적에 관한 소문이 확대되자 수많은 과학자들이 몰려들었고 연구논문도 발표되었다. 과학자들은 그럴듯한 물리이론을 인용하여 이 원형들이 분명 UFO의 존재를 확인시켜 주는 것이라고 흥분하였다. 매스컴도 이 사건을 놓치지 않았다. 기회 있을 때마다 대서특필하며 외계인들이 지구를 넘본다는 설명과 함께 그동안 세계 여러 곳에서 발견된 이와 비슷한 원형들을 소개하기도 하였다.

그러나 이 미스터리 원형들은 한 신문기자의 끈질긴 취재 끝에 그 지방에 살고 있던 두 노인의 장난이었음이 드러났다. 당시 켄트 지방에 살고 있었던 촐리(62)와 바우어(67)라는 노인은 노년기의 무료한 생활을 떨치고 뭔가 세상을 깜짝 놀라게 할 일을 찾던 중 당시 인구에 회자되던 UFO 소문에 착안해 이 같은 일을 꾸몄다.

하루 밤 사이에 이 거대한 작품을 완성해야 하기 때문에 그들은 오랫동안 시간 날 때마다 밤잠을 자지 않고 들판에 나와 맹연습을 하였다. 점점 완성도를 높여가다 밤 시간이 긴 어느 날 밤 드디어 결행하였고, 이 '작품'이 세계의 이목을 받아 떠들썩하게 되자 이 두 노인은 자신들이 꾸민 오랫동안의 '음모'가 성공했음을 알고 태어나서 최고로 마음껏 웃었다고 한다. 이들은 영국 남부지역에서 발견된 30여 개의 원형들도 자신들의 작품임을 자백하였다.

이들의 작품은 이후 많은 사람들에 의해 모방되었다. 넓은 밀밭이 있는 미국, 캐나다, 호주, 체코 등에 대규모의 기학학적 무늬가 그려졌다. 고대인이 그렸음직한 문양에서부터 초현대식 디자인에 이르기까지 다양한 모양의 '미술품'이 제작되었다. 관심 있는 독자들은 인터넷에서 crop circle을 치면 그 작품들을 볼 수 있다. 이제 그 두 노인은 미술의 새로운 장르를 개척한 주인공으로 평가되기에 이르렀다.

한국에도 경우는 다른지만 이와 비슷한 분이 있다. 이대우(69) 씨는 강원도 봉평 근처 사방이 나무로 빽빽이 들어차 있는 어느 계곡에 작은 집을 짓고, 세상에서 가장 작은 집인 새집을 지어 주는 사람이다. 기업인 출신인 그는 퇴직 후 목공 일을 배워 여기에서 매일같이 땀을 흘리며 새집을 짓는다. 공사판에서 버려진 자투리 판자를 가져와 톱과 망치로 새집을 지어주고, 거기에 숲 속 새들이 자유롭게 살다 가는 것을 보며 한없는 희열을 느낀다. 죽은 판재를 생명력 있는 작품으로 탈바꿈시킨다는 예술가로서의 자부심도 있고, 스스로 품 넓은 자연을 배경 삼아 시골이라는 아담하고 알찬 무대를 만들고 그 무대의 주연이 되는 만족감도 있다. 그는 새집 이야기를 담아 2006년 「새들아, 집 지어 줄게 놀러오렴」을 썼다. 목공이나 조류와는 전혀 관계없는 일을 하던 대기업 부사장 출신이 퇴직 후 남들이 보기엔 하찮은 새집 지어주는 일을 통해 삶의 의미와 재미를 깨닫게 된 것이다.

노인들은 그 많은 남는 시간을 무엇으로 소일하는가? 바람직한 활동으로 학습, 예능활동, 자원봉사 등이 추천된다. 그러나 위의 예에서 보듯 보통 사람들은 생각지 못하는, 혹은 선뜻 내키지 않는 일에서 혼자만의 즐거움과 보람을 느끼는 경우도 있다.

물론 아직까지 하루 6~7시간씩 TV 앞에 앉아있거나, 노인들이 많이 모이는 경로당이나 공원에서 화투나 잡담으로 지루하게 하루를 보내는 노인들도 많이 있다.

우리 주변에 자신은 아직 일할 능력과 의지가 남아있다고 주장하는 노인들이 많이 있다. 그들에게 나는 "당신은 앞으로 몇 년 동안 도전할 새로운 모험을 시작하였습니까?" 라는 질문을 던지고 싶다. 노년기에 설렘과 가슴 벅참, 그리고 전율이 일어날 만큼 희열을 느낄 수 있는 일에 자신을 내어 던지는 일은 불가능한가?

노인은 사회적으로 부정적 선입견의 대상이며, 노인조차 자신을 부정적인 자기충족적 예언(self-fulfilling prophecy)의 희생자로 만든다. 노인 자신도 자기의 능력과 가능성에 대해 믿음이 없다는 것이다. 즉, 자타가 공히 노인은 창의력과 생산성이 결핍되어 무언가 의미 있는 일을 시도하는 것은 어려울 것이라고 지레 짐작하고 사회적으로 중요한 일을 맡기지도 않고 자임하지도 않는다.

그러나 노익장이라는 말이 있듯이 나이 70 혹은 80에 인류사에 길이 남는 위대한 업적을 만든 사람들이 많이 있다. 노인의 지능은 항상 나이에 비례해서 떨어지는 것은 아니며, 지능의 어떤 영역은 오히려 나이를 먹으면서 오랜 경험을 바탕으로 높아지는 경우도 있다. 학문적으로 볼 때, 추상적 추론이나 지각속도 등 유동성 지능(fluid intelligence)은 떨어지지만 어휘력이나 사회적 상황에 대한 이해 등 결정성 지능(crystalized intelligence)은 유지되거나 오히려 향상되는 경우도 있다고 한다.

우리는 오랫동안 점잖은 노인, 권위 있는 노인에 익숙해 왔다. 천진난만한 어린아이와 같이 잘 웃고, 활발하고, 자유로운 감정 표현을 하며, 장난기 있는 노인을 경원시해 왔다. 그러나 어린아이의 마음은 성인과 노인이 되어서도 사라지지 않고 잠재되어 있으며, 오히려 이러한 마음이 적절하게 발휘되어야 건강한 사람이다. 성격심리학자로서 교류분석이론을 창안한 에릭 번(Eric Berne)은 이러한 성격특성을 '자유로운 어린아이 자아(Free Child Ego)'라고 명명하였다.

어린아이들은 동네 놀이터에서 시간 가는 줄 모르고 논다. 아이들에게 놀이터는 상상의 공작소이다. 저녁 먹을 시간이 한참 지나간 것도 모른 채 놀다가 부모가 데리러 나와야 겨우 손을 턴다. 긍정심리학의 태두 격인 미하이 칙센트미하이(Mihaly Csikszentmihalyi)는 이 같은 고도의 집중상태를 'Flow(몰입, 沒入)'이라고 불렀다. 몰입은 고도의 집중을 유지하면서 지금 하는 일을 충분히 즐기는 상태를 뜻하는 것으로 무아경(無我境)과도 같은 개념이다. 몰입을 통해서 자신의 잠재력을 개발하고 자신감이 생기며 행복도 얻을 수 있다고 하였다. 노인들도 어린아이 못지않게 신나게 놀 수 있다.

노인을 부정적으로 평가하는 것 중에 "노인이 되면 어린아이처럼 된다"라는 말이 있는데, 나는 이 말을 "노인이 되면 어린아이처럼 되자"라는 적극적인 표현으로 바꿀 필요가 있다고 본다. 노인이 가족이나 친구들과 즐겁게 어울리고, 하찮은 것에서 희열을 느끼고, 그동안 무심히 넘겼던 인간과 우주의 신비로운 조화에 감탄하며, 그리고 잠재되어 있는 창의력을 개발하여 무언가 새로운 것을 시도하고 그 일에 열중하여 시간가는 줄 모르게 된다면, 이는 정말 신나는 노년이 아닌가? 비록 신체적으로는 쇠퇴하여도 노인의 여생이 감사, 감격, 재미, 베풂, 유쾌함으로 가득하게 된다면 노년기는 인생의 그 어느 때보다 더 축복의 시간이 될 것이다.

즐거운 노년을
허(許)하라!

　베이비붐 세대란 전후 일정기간 대규모 출생이 이루어진 때에 태어난 사람들을 뜻한다. 우리나라는 1955년에서 1963년 사이에 태어난 약 713만 명이 이에 해당된다.

　현재 전체인구의 약 15%를 차지하는 베이비붐 세대는 전후 출산장려정책에 의해 태어나서 경제적으로 궁핍한 시기를 거치면서, 교육열이 높은 부모의 영향 아래 격심한 교육경쟁을 통과하였고, 1960년대 초부터 시작된 경제개발 과정의 주역으로 경제성장 신화를 창조하였으며, 빈곤한 농업기반 사회를 지식정보화와 후기 산업사회로 이행시킨 주력군이다.

　가족계획사업이 시작된 1963년까지 태어난 이들 베이비붐 세대는 국가경제 재건과정에서 개인의 행복보다는 가족과 사회를 위해 희생하도록 요구받았고, 정치적으로 민주화를 향한 변혁과 심화되는 국제화와 세계경쟁 등 국내외의 급격한 변화를 겪어 왔다. 이들은 높은 교육수준을 지닌 훌륭한 인적자원으로 평가받고 있으며, 경제성장의 주역답게 향상된 소득으로 1980년대 이후 아파트, 자동차, 해외여행 등 막강한 소비력을 과시하며 고도성장을 뒷받침하였다

베이비붐 세대는 기존의 노인에 비해 합리적인 사고방식과 미래지향적인 생활의식을 갖고 있으며 노년기를 자기실현의 시기로 인식하고 있으며, 경제적인 면에서는 여유로운 삶, 그리고 사회적인 면에서는 참여적인 삶을 영위할 것으로 기대하고 있다.

그러나 빠른 속도의 평균 수명 연장과 80~90년대 경제위기의 영향으로 나타난 강요된 조기은퇴로 인해 은퇴기간은 예상보다 훨씬 길어졌으며, 국가차원의 사회보장제도가 충분히 발전되지 못하고 전통적인 대가족체제의 지원도 축소되고 있는 상황에서 이들의 노년은 여전히 개인이 책임을 져야 하는 실정인 것이다.

베이비붐 세대의 은퇴 후 경제적 삶을 추정해보면, 이들은 퇴직 후 사망 시까지 약 30년간 은퇴기간을 갖게 될 것이고, 이 기간 중에 일부 부유층을 제외하고는 일상적 소비지출을 감당하기 위해 적어도 10년 이상 소득활동을 해야 할 것이다. 연금이 충분치 못한 상황에서 적절한 일자리가 주어지지 않는다면 이들의 경제생활은 위기에 처하게 될 것이다.

이들은 부모 효도의 책임과 자녀 양육의 책임 사이에 낀 샌드

위치 세대이다. 윗세대를 받드는 데 희생하였으며 아랫세대를 부양하는 데 헌신하였으나, 정작 본인의 은퇴 후에는 개인주의의 영향을 받은 자녀로부터 부양받는 것을 기대하기 어렵게 되었으며 낮은 출산률로 인해 연금 등 사회적 부양마저도 큰 기대를 할 수 없게 되었다.

이들은 또한 일부 부유층을 제외하고 개인적으로 느끼는 심리적 고독감은 기존의 노인세대와 큰 차이가 없을 것으로 보인다. 무병장수를 원하지만 발달된 의료기술로 인해 유병장수할 가능성이 높으며, 고령이 되어도 가치관의 차이로 인해 자녀로부터 신체적 부양을 받지 못하고 노인들끼리 사는 노인주거시설(실버타운, 노인아파트 등)이나 노인의료시설(요양병원, 노인요양시설 등)에서 혼자 지내야 하는 경향이 높아질 것이다.

2010년부터 기업의 일반적 정년 연령인 55세에 달하는 1955년생들이 대량으로 은퇴를 시작하게 되었다. 이들이 썰물같이 근로현장을 떠나게 됨에 따라 이로 인한 경제·사회적 파급효과에 대한 우려가 높았다. 생산현장에서 노동력이 부족해지지 않을까, 보유하고 있는 금융자산 및 부동산을 일시에 처분하여 자산시장에 수급 불균형을 일으키지 않을까, 사회복지비용을 증대시켜 국가재정을 압박하지 않을까 하는 문제이다. 그러나 베이비붐 세대의 은퇴가 한국경제에 미치는 영향을 진단한 삼성경제연구원의 연구보고서와 같이 우려하고 있는 부정적 효과의 현실화 가능성은 그리 크지 않은 것으로 보인다.

단기적으로는 위기를 초래하지 않는다 하더라도 중장기적으로는 고령화에 대비한 적절한 정책을 마련해야 할 것이다. 특히 베이비붐 세대가 지닌 직업전문성과 노하우, 그리고 삶의 지혜 등이 사회에 전수되지 않고 사장되어 버리는 손실을 최소화할 수 있는 대책이 필요하다.

이에 은퇴자 개인의 행복한 삶을 지속시키고 국가사회적으로 이들의 잠재력을 사회발전의 동력으로 재활용하기 위해 대략 5가지 영역에서 정책적 대안이 제시되어야 한다. 이를 실행하기 위한 정부의 의지와 민간의 협력이 중요하다 하겠다. 첫째는 경제적으로 안정된 생활 영역, 둘째는 신체적으로 건강한 생활 영역, 셋째는 정신적으로 건강한 생활 영역, 넷째는 사회적으로 유용한 생활 영역, 그리고 다섯째는 문화적으로 창의적인 생활 영역이다.

특히 창의적인 문화생활이 중요한데, 이는 3단계로 이루어질 수 있다. 첫째는 배우기(learning), 둘째는 즐기기(enjoying), 그리고 셋째는 가르치기(teaching)이다. 창의적 문화생활을 위한 LET 전략인 것이다. 즐거운 노년을 허(許)하라! 즉, 노년생활을 창의적으로 보내는 방법으로 본인의 관심영역을 새로이 배우고, 그 다음은 이를 즐기고 나누며, 결국 가르치기에까지 발전된다면, 바야흐로 노인은 생산성이 끊어진 퇴락한 늙은이가 아니라 사회적으로 진정한 어르신 혹은 스승으로 다시 태어날 것이다.

노년 봉사,
창의적이어야 한다

　얼마 전, 요즘 크게 문제되고 있는 학교폭력의 대책의 하나로 교육부는 학교폭력에 관한 징계 기록을 5~10년간 보존해 상급 학교 입시전형에 활용하겠다고 발표했다가 졸속 탁상행정이라는 비난을 받았다. 순간적 충동으로 폭력에 가담했다가 징계를 받은 후 진심으로 뉘우친 학생에게는 범죄력을 갖고 평생 살아가도록 하는 너무 가혹한 처벌이라는 것이다. 이는 청소년 시기에 쉽게 저지를 수 있는 과오에 지나치게 무거운 멍에를 지게 하는 것이며, 범죄를 다스리고 예방하기 위한 네거티브(negative) 발상으로 결코 좋은 대책이라 할 수 없다. 이 문제에 노인 자원봉사자의 무슨 좋은 역할이 없을까?
　노년기 자원봉사활동은 사회적 역할의 회복이라는 측면에서 아주 좋은 사회활동이다. 청소년을 위한 봉사활동은 노인이 청소년들에게 정신적 유산을 전수한다는 차원에서 의미 있는 일이고, 특히 비행청소년을 위한 봉사활동은 비행을 저지른 청소년이 자칫 범죄의 길로 들어서서 평생 사회의 암적 존재로 살아가는 것을 예방하는 것으로서 아주 가치 있는 일이다. 자원봉사가 효과를 발휘하려면 정교한 프로그램으로 짜여져야 한다. 따뜻한 마음씨나 열정만으로 되는 것이 아니라 자원봉사 대상자의 눈높이에 맞춰져야 하며, 그것도 창의적인 방법으로 추진되어야 오래 지속될 수 있다.

비행청소년을 위한 봉사활동으로 보호관찰 청소년을 대상으로 하는 활동이 있을 수 있다. 청소년 보호관찰이란, 범죄를 저질렀지만 소년법에 의해 보호처분을 받은 경우 형벌 대신 부과하는 것으로서 6개월~2년 동안 사회에서 자유로이 활동하되 보호관찰관의 지도를 받아 더 이상의 범죄를 저지르지 않게 예방하는 제도이다.

이 제도가 잘 운영되기 위해서는 무엇보다 민간인 자원봉사자의 협조가 중요한데, 청소년을 한 달에 한번 정도 만나 상담하는 등 정서적 지원을 하는 것이다. 현재 법무부 범죄예방위원회가 그런 활동을 하는 단체인데, 이 봉사활동을 좀 더 창의적인 방법으로 해볼 수 있을 것이다. 사실 한 달에 한번 만나 무슨 상담을 하고, 무슨 격려를 하겠는가?

노인 자원봉사자는 청소년심리에 관한 기초교육을 받은 후, 1년 정도 범죄예방위원으로 활동하면서 비행청소년에 대해 어느 정도 오리엔테이션을 받는다. 준비가 되었으면 이제 그들과 1:1 짝을 지어 농산촌(農山村) 길을 걷는 것이다. 여정을 간단히 꾸려서 체력이 허락하는 한 1~2주 혹은 1~2개월 동안 걷는다.

아름다운 풍광이 있는 산야, 유서 깊은 고적이 있는 마을, 혹은 요즈음 많이 다니는 둘레길 같은 곳을 둘이 걸으며 인생과 세상 이야기를 하면서 그들을 은연중 교화시키는 것이다. 여정과 숙식은 테마여행처럼 미리 잘 짜여진 계획에 의해 이루어지고, 비용은 보호관찰소가 부담한다. 노년기에 여행이나 등산을 좋아하는 사람이 자기가 좋아하는 것을 하면서 동시에 봉사활동도 겸하는 것이다. 이것은 비행을 다스리고 예방하기 위한 포지티브(positive) 전략인 것이다.

비행을 저지른 아이들이라고 두려워할 필요가 없다. 겨우 열 몇 살 먹은 아이들이며, 대부분 불우한 가정환경 탓에 잠시 곁길로 나갔던 아이들이다. 불쌍한 아이들이고 따뜻한 손길이 필요한 아이들이다. 그 나이에 질서, 권위, 성(性), 경쟁과 협력 등에 관한 합리적 사고방식을 배우지 못하면 얼마든지 불행한 성인으로 발전할 수 있는 아이들이다.

사실 비행청소년과 어른이 함께 걷는 프로그램은 프랑스에서 시작하였다. 베르나르 올리비에(Bernard Ollivier)라는 프랑스 저널리스트는 아내와 사별하고 61세에 은퇴한 후 침몰하는 배처럼 세상에 쓸모없는 존재가 되었다는 자괴감을 떨쳐버리기 위해 터키 이스탄불에서부터 중국 시안까지 1,099일에 걸쳐 12,000km의 실크로드를 걷고, 그 여행기를 「나는 걷는다」라는 책으로 펴냈다.

그는 한 번에 9~10개월 걸은 후 잠깐 쉬고, 그 다음 번에는 마지막 갔던 도시에서 또 시작을 하는 식으로 해서 실크로드를 4년(1999년~2002년)에 완주하였다. 내전 지역을 통과하면서 죽을 고비도 여러 번 넘겼고, 회교도 지역을 지나면서 마을 주민이 주는 요구르트를 얻어먹으며 연명하기도 하였다. 수레를 끌면서 인류 최초로 실크로드를 혼자서 걸어낸 그 '영웅'은 지나는 나라, 거치는 마을의 역사, 지리, 풍습을 그렸다. 오래전 나는 3권으로 되어있는 그 책을 아주 흥미진진하게 읽은 적이 있다.

그는 잡지사에서 직장생활을 할 때 비행청소년이 혼자, 때로는 어른과 같이 걸음으로 재생의 기회를 얻는 Seuil(쉐이유, 문턱) 협회를 설립하였다. 이 협회에 속한 성인봉사자를 통해 비행청소년은 인생과 사회를 배움으로 자아효능감을 얻고, 봉사자는 비행청소년과 함께 걸으면서 삶의 지혜를 전수하는 활동을 하는 것이다. 노인들이 어려서부터 지금까지 무탈하게 살아온 축복에 대해 감사하는 마음이 있다면, 이제 그 축복을 비행청소년도 누릴 수 있도록 하는 것이 축복받은 자의 도리가 아닐까?

최근의 신노년문화 담론에서 자원봉사는 가장 중요한 화두로 등장하고 있다. 노인이 비행청소년을 위해 봉사활동을 하는 것은 결코 쉬운 일이 아니지만, 만약 하게 된다면 아마 가장 의미 있는 사회 활동 중 하나일 것이다. 활동적인 노인이 노년기를 보람되게 보낼 수 있는 이런 창의적 봉사활동에 정부, 사회, 노인 자신 모두가 지혜를 모아야 하겠다.

올리비에씨는 한국을 두 차례 방문하였는데, 내 추측에, 중국 시안에서 북한을 거쳐 남한 끄트머리까지 걸을 수 있는지 그 가능성을 탐색하러 오지 않았을까 생각해 본다. 신(新) 실크로드를 개척해 보겠다는 야심찬 계획을 갖고 있었을까? 생각하기에 따라, 노년기 창의적 봉사활동의 영역과 깊이는 실로 무궁무진할 것이라는 생각을 해 본다.

올리비에씨는 75세에 두번째 도전을 하였다. 이번에는 그의 연인 베네딕트 플라테와 함께 프랑스 리옹에서 출발하여 이스탄불까지 3,000㎞를 2013년~2014년 4개월에 걸쳐 걸었다. 이 여행담은 「나는 걷는다. 끝」에 나와 있다.

노년기는
생각하고 결심하기에 따라
인생의 가장 축복받는 시기이거나
혹은 가장 불행한 시기일 수 있다.

자기 연령대 혹은 젊은 사람들과 같이 어울리면서
자원봉사활동을 통해 타인에게 축복을 나누어 주고,
결국 자기도 축복을 받는 보람된 봉사활동에
더 많은 노인들이 참여해야 하겠다.

베푸는
노년

_4_

제 3 의 인 생 설 계 , 신 노 년 문 화

지역박물관의
부활

　해외여행, 특히 구미 여행에서 얻게 되는 즐거움 중의 하나는 지역박물관을 들어가 보는 것이다. 여행을 하다가 계획에도 없이 우연히 들어가 보게 되는 작은 박물관에는 그 지역의 지리와 역사, 그리고 풍습과 전통을 소개하고, 그 지역 출신으로 유명하게 된 사람의 사진이나 유품을 전시하는 경우가 많다. 어떤 박물관은 그런 것들에 대한 설명을 곁들여 화보로 만들어 판매하는 경우도 있다.

　박물관에 전시된 전시물들을 보면서, 나는 그곳에 사는 주민들이 그냥 농사를 짓거나 장사를 해서 밥 먹고 사는 사람들이 아니라 자기 고장의 역사와 전통을 소중하게 여기며 그러한 전통을 이어가는 데 자부심을 갖고 사는 사람들일 것이라는 생각을 하게 된다. 그런 박물관은 주로 정부나 지자체가 설립하지만, 틀림없이 지역 주민들의 후원금도 한몫 톡톡히 했을 것이다. 박물관에서 일하는 사람들은 자원봉사 하는 노인인 경우가 많다.

오래 전 미국 샌프란시스코 근처의 요세미티 국립공원(Yosemite National Park)에 갔을 때, 공원 설립 시 공원 내 산재해 있던 원주민 주택을 모아 만든 작은 민속촌에서 자원봉사 하던 할머니를 잊을 수 없다.

그 분은 관광객에게 다가와 이것저것을 친절히 설명해 주었는데, 나는 그 분의 설명으로 공원 설립 배경과 역사까지도 자세히 알게 되어 뜻하지 않게 좋은 역사탐방을 할 수 있게 되었다. 그 분은 공원관리직으로 일하는 딸과 여름을 같이 지내면서 그 곳에서 자원봉사활동을 하였던 것이다. 낮에는 자원봉사활동을 하고, 저녁에는 딸과 함께 시간을 보냈는데, 오랜만에 딸과 함께 한 철을 지내는 행복감을 말할 때 많은 공감을 할 수 있었다.

선진 외국에서는 다양한 형태와 규모의 박물관 안내를 노인 자원봉사자들이 맡는 경우가 많다. 명찰을 가슴에 붙이고 안내하거나 설명하는 모습에서 여유 있고 고상한 노년기 삶의 한 단면을 본다. 오랫동안 자원봉사 하는 노인들 중 어떤 분들은 유물 발굴이나 정리 작업에 참여하기도 한다.

시골마을을 가다가 골동품점(antique shop)에 들어가 보면 노인이 운영하는 경우를 많이 보는데, 그런 분들은 오랫동안 박물관 봉사활동을 하면서 쌓은 지식과 인맥을 활용하여 노년기에 그런 고상한 가게를 열게 된다. 우리나라 노인들이 복덕방을 열면 동네 노인친구들의 사랑방이 되듯, 서구에서는 골동품 가게가 동네 노인들의 사랑방이 된다.

우리나라도 사실은 지역에 많은 박물관들이 있다. 고택, 종중 유물전시관, 향토박물관, 향교 등이 사실은 다 박물관이다. 그런데 그런 박물관이 거의 다 입구가 닫혀 있거나, 열려 있어도 누구 하나 설명해 주는 사람이 없는 경우가 많다. 어떤 곳은 도둑을 방지하기 위해 철제문으로 전시실을 봉쇄해 놓은 곳도 있다. 혹 누가 설명해주는 경우가 있지만 뭔가 감추어야 할 것이 있는 듯 자세한 설명을 해주지 않는다. 이것저것 질문하면 뭘 그렇게 자세히 알려고 하느냐는 듯 퉁명스러운 반응을 보이기도 한다. 그럴 때에는 눈치가 보여 대충 보는 듯 마는 듯 하고 나와 버리는 경우도 많이 있다.

어떤 곳은 살림집을 겸해서 개방하기 때문에 오래 머물기가 민망스러운 곳도 있다. 어쩌다 안내 책자를 비치해 놓은 곳을 보면 반갑기는 한데 어려운 말과 조악한 그림으로 전혀 재미있지도, 교육적이지도 않다.

우리나라가 문화 선진국으로 도약하기 위해서는 대도시에 급조된 조형물을 많이 만들기보다, 전국 구석구석에 있는 다양한 형태의 향토박물관을 복원하고 재정비하여 관광객들이 그 지역의 역사, 풍습, 전통 등을 알고 음미할 수 있도록 하는 것이 더 중요하다. 잘 디자인된 안내 팸플릿도 비치하고, 훈련된 노인 자원봉사자의 친절한 설명도 덧붙여진다면 외국 관광객들도 한국의 문화수준을 높이 평가하게 될 것이다. 관람을 위한 예약시스템이 되어 있다면 외국어를 좀 할 줄 아는 노인이 대기하고 있으면 좋다. 그렇지 못하다 해도 외국어로 된 안내문을 읽어만 줘도 도움이 된다. 관광단지로 개발된 곳에서는 야간프로그램을 개발하여 야간에도 가족이 함께 참여할 수 있도록 한다면 아이를 둔 가족에게는 더 없는 즐거움일 것이다.

노인을 관광대국으로 발돋움하려는 우리나라의 향토문화안내원으로 활용하는 방안이 필요하다. 그러기 위해서는 우선 향토문화를 관광자원으로 재정비해야 하고, 안내 팸플릿 제작과 안내원에 대한 대폭적인 지원이 있어야 하고, 나아가 향토문화안내를 지망한 노인 자원봉사자에 대한 훈련과정이 필요하다.

유홍준 교수는 「나의 문화유산답사기」에서 '우리나라는 전 국토가 박물관이다'라고 말했는데, 이제는 그 박물관을 갈고 닦을 전문가 및 자원봉사자가 필요하고, 그 자원봉사의 일은 노인의 몫이 아닌가 생각한다.

자원봉사의 계절

　매년 연말이 되면 우리나라는 김장 시즌이라 바쁘다. 올해도 여러 기업과 사회단체에서 홀몸어르신 및 소년소녀가장 등 지역의 불우이웃을 위해 '사랑의 김장 나누기 행사'를 벌였다. 이 행사는 우리나라에만 있는 것으로서 지역사회의 다양한 개인과 단체들이 한마음이 되어 이웃돕기를 실천하는 아주 특이한 이벤트이다.

　수 백 명의 봉사자들이 앞치마를 두르고 장갑을 끼고 열심히 김장을 담는 모습을 외국인을 위한 관광코스로 활용하면 또 하나의 한류문화로 발전할 수 있지 않을까? 김장 시식코너도 만들어 놓으면 더 좋을 것이다. 이런 행사 이외에도 우리 사회엔 추운 겨울을 어렵게 지내는 이웃을 위해 여러 가지 이웃돕기 봉사활동이 많이 이루어지고 있다. 바야흐로 자원봉사의 계절인 것이다.

사회가 발전해 나가는 과정에서 어두운 그늘이 드리워지고 급격한 사회변동으로 불평등이 심화되면서 사회통합을 저해하는 문제를 해결하는 대안으로서 자연스럽게 자원봉사가 각광을 받게 되었다. 자원봉사는 보수를 기대하지 않고 타인을 도우며 공익에 기여하는 활동이지만, 그 과정에서 자원봉사자 자신의 이상을 실현할 수 있으므로 '자기의 연장(extension of self)'이라는 효과를 가져 온다. 자기의 재능을 발휘하여 자기가 꿈꾸는 이상사회를 만들어 간다는 것이다.

우리나라 자원봉사의 역사를 보면, 1960~70년대 새마을운동과 대한적십자사를 통해 소박하게 이루어지던 자원봉사활동은 1986년 서울아시아게임과 1988년 서울올림픽을 계기로 많은 사회적 관심을 받기 시작하였다. 우리나라 자원봉사는 민간보다는 정부 주도로 발전되어 온 경향이 있다. 현재 자원봉사에 대한 행정지원체계에서 중앙정부는 매우 적극적인 역할을 수행하고 있다. 여러 중앙정부 부처 중 행정자치부는 자원봉사의 주무 부서로서 지역의 248개 자원봉사센터를 지원하고 있으며, 최근 민간과 정부 전체의 자원봉사활동을 체계적이고 효율적으로 관리하기 위한 목표를 갖고 자원봉사 관리인증제도를 도입하기도 하였다.

민간영역에서도 다양한 자원봉사단체가 활발하게 활동하고 있다. 한국자원봉사협의회는 자원봉사활동기본법에 의해 설치된 법정단체로서 전국 자원봉사단체들의 총괄 대표기구이자 대정부 자원봉사 민간 파트너이다. 그외에 비교적 활동이 많은 단체를 열거하자면, 자원봉사에 관한 대중교육과 정책제안을 하는 한국자원봉사포럼, 교육훈련 단체로서 한국자원봉사문화(구 볼런티어 21)와 한국자원봉사연합회, 자원봉사 관리자를 위한 조직으로 한국자원봉사관리협회와 한국사회복지사협회, 학술단체로서 한국자원봉사학회 등이 있다.

기업봉사단으로는 삼성, 현대, SK, LG, 포스코 등 주요 기업의 사회공헌팀에서 자원봉사활동을 적극 전개하고 있다. 재해구호단체로는 대한적십자사, 한국재난안전네트워크, 안전생활시민연합, 재해극복범시민연합 등이 있다. 해외봉사단체로는 유니세프, 월드비전, 굿네이버스, 기아대책, 코피온 등이 있다. 각 대학에는 자원봉사단이 설치되어 있으며 한국대학사회봉사협의회가 대학생 자원봉사활동을 지원하고 있다. 종교기관은 자체적인 봉사활동 이외에도 사회복지기관을 운영하면서 많은 자원봉사자를 파견하고 있다. 이제 자원봉사를 빼고는 기업도, 학교도, 종교기관도 그 역할을 제대로 수행할 수 없을 정도가 되었다.

최근에는 자원봉사의 개념이 확대되고 있다. 노블레스 오블리주(noblesse oblige)는 부와 명성을 가진 사회지도층이 솔선수범과 부의 사회적 환원을 통해 사회적 책임을 실천하는 개념으로서 현재 사회지도층의 건전한 문화로 정착되고 있다. 프로보노(pro bono)는 전문적인 지식이나 서비스를 공익을 위해 무료로 자발적으로 제공하는 봉사를 말한다. 변호사가 사회적 약자를 위해 무료법률서비스를 제공하면서 시작된 프로보노는 현재 의료,

경영, 교육, 문화 등 다양한 분야에서 전문기술을 전수하고 전문 컨설팅을 수행한다.

인류사회를 발전시키는 노력에는 크게 두 가지가 있는데, 하나는 보수를 받고 노력하는 것이고, 다른 하나는 보수를 받지 않음에도 노력하는 것이다. 발전된 사회에서는 이 두 가지 노력이 동일하게 존중된다. '보수'와 '봉사'라는 두 개의 커다란 톱니바퀴가 서로 맞물려 돌아갈 때 사회 발전을 이룩할 수 있다고 보는 것이다. 특히 '봉사,' 즉 보수나 금전적 보상 없이 노력하는 일에 사람들이 관심을 보이면 보일수록 그 사회는 성숙한 사회, 따뜻한 사회가 될 것이다. 현재보다 더 많은 사람이 자원봉사활동에 참여하고, 좋은 자원봉사활동 프로그램이 개발되어 자원봉사가 일상적인 생활양식으로 자리 잡을 수 있도록 사회구성원 모두가 지혜를 모아야 할 것이다.

개발도상국에서 선진국으로 급부상하고 있는 한국의 여러 가지 사회문제를 해결하는 데 있어서 공동체정신의 회복이 절실하게 필요하다는 게 많은 사람들의 주장이다. 자원봉사는 공동체정신의 회복을 위해 아주 효과적인 방법이며, 은퇴노인의 자원봉사활동은 매우 중요한 자산으로 평가된다. 베이비붐 세대는 앞으로 더 많은 사회참여를 요구할 것인데, 그 응답은 자원봉사이다. 현재 한국 노인자원봉사의 이슈는 전체 노인의 5~6%밖에 되지 않은 자원봉사 참여율을 성인 자원봉사 참여율 20%의 절반 수준인 10%까지 올리는 것이다.

3,800만 명의 회원 수를 자랑하는 미국은퇴자협회(AARP)가 "봉사를 받지 말고, 봉사하자! (To serve, not be served!)"라는 캐치프레이즈를 내걸고 새로운 친구 사귀기(making new friends), 지역사회에의 참여(getting involved), 변화 만들기(making a difference) 등을 목표로 활동하고 있는 것을 눈여겨 볼 필요가 있다. 미국의 경우 전체 노인의 대략 30%가 자원봉사에 참여하고 있는 것으로 알려져 있다. 즉, 전체 노인 중 병약한 노인을 제외하고 건강한 노인의 절반은 자원봉사활동에 참여한다는 것이다. 이건 건강한 노인의 절반이 이번 주에도 반나절 어디에선가 자원봉사를 했다는 의미이다.

　우리나라 노인들은 주로 지역의 자원봉사센터나 노인복지관을 통해 자원봉사활동에 참여한다. 최근 대한노인회는 자원봉사지원센터를 설치하여 경로당 이용 노인을 중심으로 자원봉사 활성화 사업을 전개하고 있다. 어디에서 활동하든 노인 자원봉사자는 이웃과 사회에 도움을 주는 것이 결국에는 자신에게 도움을 주는 것이라는 인식을 확고하게 가질 필요가 있다. 그리고 노인자원봉사를 관리하고 지도하는 사람은 노인 인력을 적재적소에 배치하는 관리 능력을 갖추어야 할 것이다.

　노년기는 생각하고 결심하기에 따라 인생의 가장 축복받는 시기일 수도 있고, 가장 불행한 시기일 수도 있다. 자기 연령대 혹은 젊은 사람들과 같이 어울리면서 타인에게 축복을 나누어 주고, 결국 자기도 축복을 받는 보람된 봉사활동에 더 많은 노인들이 참여해야 하겠다.

도서 지역에서
아이들을 가르치자

　최근 어느 일간지에서 도서 지역 초등학교에 교사가 없어서 어려움을 겪는다는 기사를 보았다. 도서 지역에 교사들이 지원하지 않을 뿐더러 일단 발령을 받고도 오래 버티지 못하고 떠난다는 것이다. 젊은 교사들이 도서 지역을 선호하지 않는다는 것은 충분히 이해되는 일이다. 교사들에게 옛날의 사명감을 요구하기엔 현실이 너무 각박하다. 교직을 인생의 비전으로 세운 교사들에게 도서 지역은 너무 낙후되어 있고 희망적이지 않아 보일 수 있다.

　난 이 기사를 보고 '아, 여기에 퇴직자들이 하기 아주 좋은 일이 있구나!'하는 생각이 번쩍 들었다. 퇴직하였지만 여전히 활기찬 삶을 살기 원하는 장노년에게 도서 지역에서 아이들을 가르치는 일은 대단히 환상적인, 그리고 아주 실질적인 일자리이다. 정부가 교육경력이 있거나 전문직에 종사했던 퇴직자들에게 한 두 학기 혹은 그 이상의 유급 단기교사로 임명하여 아이들을 가르치게 한다면 교사 부족을 해소할 뿐만 아니라, 퇴직자에게도 아주 멋있는 삶의 경험이 될 것이다.

도서 지역에서의 생활은 무료하고 권태로울 수 있다. 도서 지역은 문화 · 의료 · 복지의 사각지대, 혹은 사회적 관계의 단절이라는 부정적인 이미지와 연결될 수도 있다. 그러나 퇴직한 이후에 환경오염이나 먹거리 불신으로부터 벗어나 자연친화적으로 건강한 삶을 살고자 하는 퇴직자들에게 이런 부정적인 요소는 큰 문제가 되지 않을 것이다. 오히려 단기간 도서 지역에서의 생활은 도시에서 오랫동안의 직장생활에 지친 퇴직자들에게는 삶의 여유와 보람을 되찾는 일이 될 수 있다.

이 일을 '장노년 퇴직자의 도서 지역 단기교사 취업 프로그램'이라고 명명해 보자. 이 프로그램이 성공하려면 몇 가지 선행조건이 충족되어야 할 것이다.

첫째는 교사훈련이다. 아무리 교직 경험이 있고 전문직 퇴직자라 하더라도 아이들을 가르치기 위해서는 새로운 차원의 훈련이 필요하다. 초등과정 교과목에 관한 지식 이외에 아동심리학의 이해, 어린이와 퇴직자 간 가치관의 차이에 대한 이해, 주입식 교육방법이 아니라 교호적이고 자기학습적 교육방법의 습득, 적극적 경청을 기초로 한 대화방법 훈련 등이 포함되어야 한다.

둘째는 적절한 보수이다. 이 프로그램은 무급 자원봉사로도 할 수 있는 일이다. 어떤 이에게는 자원봉사로 하는 게 더 큰 의미를 줄지도 모른다. 그러나 참여자가 책임있게 업무를 수행하고 일정 기간 지속할 수 있기 위해서는 적절한 보수를 주어야 한다. 젊은 교사에게 주는 정도를 기대할 수는 없어도, 동기부여가 될 정도는 주어야 한다. 돈을 번다는 것은 누구에게나 신나는 일이다. 청정환경에서 큰 스트레스 없이 아이들과 같이 어울리면서 일정한 소득을 올릴 수 있다면, 퇴직 이후의 장노년기는 축복의 시간이 될 것이다.

셋째는 주거공간 확보이다. 의식주는 누구에게나 삶의 기본적 욕구이다. 도서에서의 주거공간이 도시만큼 편리하지는 않겠지만, 그래도 적절한 주거공간의 확보는 최소한의 요건이다. 참여자가 배우자가 있는 경우라면 당연히 부부가 같이 와서 살기를 원할 것이다. 지역 교육청에서 공공임대주택을 마련해 주거나, 혹은 월세 보조를 통해 안전하고 쾌적한 주거공간을 확보해 주는 일이 필요하다.

이 프로그램에 참여하는 사람이 준비과정 혹은 예행연습 없이 처음부터 결단하고 도서 지역으로 삶의 터전을 옮기는 일은 바람직하지 못하다. 학기 중 몇 주 동안 보조교사 혹은 자원봉사로 참여해 본다거나, 혹은 방학 동안에 아이들과 함께 어울리는 시간을 가져본다든가 해서 본인이 이 프로그램에 적합한 인물인지 어떤지 실험적으로 시도해 보는 것이 필요하다.

최근 활동적 노년을 영위하려는 사람들과 베이비붐 세대로서 퇴직 후 개성 있는 삶을 살고자 하는 사람들이 향유하는 문화를 '신노년문화'로 이해하고자 하는 경향이 있다. 이들은 경제적인 여유와 신체적 활력을 바탕으로 자기표현과 사회참여의 욕구를 상당히 강하게 분출하고 있다. 특히 우리 사회는 곧 노년층으로 편입될 베이비붐 세대의 사회문화적 욕구에 적절히 대응해야 하는 과제를 안고 있다. 따라서 금전적 소득 여하에 관계없이 이들이 계속해서 사회적 주류로 남아있게 하는 정책이 필요하다. 이들에게 유급 일자리를 통해서이든 무급 자원봉사를 통해서이든 적절한 사회참여를 보장하는 기회가 주어져야 한다.

도서 지역 혹은 농어촌 지역에서 퇴직 장노년이 어린이나 청소년을 가르치고 지도하는 일에 참여하는 것은 유휴인력의 활용이라는 측면에서 대단히 중요한 의미를 갖는다. 공교육만이 아니라 다양한 교육현장에서 아이들의 희망과 장노년의 보람이 만나는 곳에 세대교류 혹은 세대통합이 이루어지고, 이는 개인주의가 만연하고 공동체주의가 소멸되어 가는 포스트모던(post modern) 시대에 보다 인간적인 삶의 모습을 보여 주는 한 모형이기도 하다.

도시 공원이나 경로당에서 빈둥거리며 시간을 보내거나 친구들과 잡담으로 하루를 소일하던 퇴직자들이 즐거운 마음으로 자리를 박차고 나가 아동과 청소년을 위한 공교육뿐만 아니라 자연환경 보존, 방과 후 프로그램, 대안교육 같은 것을 맡을 수 있다면 우리 사회에서 진정한 어르신으로 대접을 받게 될 것이다.

다문화사회와 노인의 역할

　최근 우리나라에 다인종 혹은 다문화에 관한 관심이 높다. 1970년대까지 우리나라는 전형적인 노동력 송출국이었으나, 그 이후 경제발전과 함께 노동력 수입국이 되면서 현재 국내 체류 외국인은 200여 개국에 200만 명이 넘는다.

　이중 외국인 근로자는 52%, 결혼이주여성은 12%, 다문화가정의 자녀가 10%, 유학생이 7%이다. 내국인이 기피하는 저임금 산업의 노동자와 저소득 남성과 결혼해 입국하는 외국인 여성의 수가 급증하면서 다문화사회는 간단치 않은 과제를 한국 사회에 던지고 있다. 결국, 여러 경로를 통해 우리나라에 살고 있는 다양한 민족의 사람들이 많아진 것인데, 그들이 어떻게 우리 사회에 적응하고 또 그들이 갖고 있는 문화를 우리가 어떻게 수용하느냐

하는 것은 사회 안정과 발전에 매우 중요한 과제로 등장하였다.

다문화사회에서는 경제적인 이유로 자국을 떠나 한국 사회를 선택한 사람들의 생존과 권리가 보호될 수 있어야 한다. 최소한의 인간다운 삶을 보장받을 수 있는 법적 안전장치와 함께, 한국 사회에 적응해 삶의 보람과 즐거움을 추구할 수 있는 여건이 마련돼야 한다. 다양한 민족이 이웃이 돼 살아가는 다문화사회가 긍정적인 의미를 가질 수 있도록 정부, 민간단체, 그리고 그들의 이웃인 우리 모두가 함께 노력하는 일이 필요해졌다.

다문화가족지원법이 제정돼 다문화사회, 다문화가족이라는 용어가 많이 쓰인다고 해서 그들을 다문화라는 소수계층으로 범주화하는 것은 바람직하지 않다. 나아가, 우리는 다문화가정의 부모와 자녀를 소외계층으로 간주해 이들을 돕는다는 인식으로부터 탈피해야 한다. 오히려 이들이 갖고 있는 다양한 언어와 문화를 강점으로 간주해 이들을 세계화 시대에 국제적 활동에 참여할 수 있는 글로벌 리더로 육성한다는 인식이 필요하다.

다인종과 다문화를 백안시해서는 안 될 뿐만 아니라, 우리의 작은 배려가 여러 민족이 함께 살아가는 따뜻한 사회를 만들어 가는 데 긴요하다는 인식이 자리를 잡아야 한다. 우리가 이러한 배려를 좀 더 조직적이고 지속적으로 수행한다면 건강한 민주주의를 구현할 수 있을 것이다. 지금은 다소 퇴색되었지만, 미국이 다문화를 적극 수용하는 용광로(melting pot) 정책으로 엄청난 부(富)를 생산하고 나라를 발전시킨 예를 참고해야 한다.

긍정적인 다문화사회를 열어가기 위해 노인들이 중요한 역할을 담당할 수 있을 것이다. 이제 신세대 노인들 혹은 베이비붐 세대의 퇴직자들은 퇴직 후에 의미 있는 사회활동, 특히 어떤 조직체의 일원으로서 자원봉사활동을 하기 원하는데, 그 경우 다문화사회를 위한 활동에 참여할 수 있을 것이다.

노인들은 현재 다문화가정을 위한 정부 지원기관인 다문화가족지원센터나 건강가정지원센터, 혹은 여러 모양으로 활동하는 다문화공동체에서 자원봉사를 할 수 있을 것이다. 예를 들어 다문화가정 자녀에게 한글이나 민요를 가르친다거나, 다문화가정과의 '이웃사촌 한 가족 맺기'에 동참해 다문화가족과 한국가족이 일 년에 몇 차례 음식과 문화를 나누고 박물관이나 공원에 같이 갈 수도 있을 것이다.

꼭 어느 단체를 통해 다문화가정의 부모 혹은 그 자녀에게 무언가를 가르치는 게 아니라 그냥 자연스러운 이웃으로 관계하면서 도움을 주는 것도 좋은 일이다. 외국인근로자지원센터에서 행정사무를 도울 수도 있으며, 결혼이주여성과 그 자녀를 위한 장학사업에 기부하는 일도 가능하다.

농촌의 초등학교에는 이제 다문화가정의 어린이가 무시할 수 없을 정도로 많아지고 있다. 농촌의 노인들은 이 어린이들을 위해 말과 글과 풍습을 가르치는 등 한국 사회의 일원임에 자부심을 느낄 수 있는 프로그램을 개발할 수 있을 것이다. 물론 이러한 일은 노인들만의 노력으로는 되지 않고 지자체나 지역사회의 지원이 있어야 할 것이다.

　활동성이 있는 노인들은 경로당에 모여 화투 치고 장기 두는 것을 싫어한다. 학교 동창모임이나 지역 친구들의 모임, 같은 취미를 즐기거나 어떤 교육을 받기 위한 모임, 같은 종교기관을 다니는 지역 신도모임에서도 이제는 어떤 자원봉사를 할 것인지가 화제가 되고 있다.

　노인들이 다인종과 다문화가정에서 필요로 하는 분야에서 약간의 교육을 받고 자원봉사활동을 한다면 이는 시대적 요청에 호응하는 것이요, 우리 및 인류 사회의 발전에 중요한 기여를 하는 것이다. 특정한 나라의 언어를 배워 다문화가정의 가족들과 어느 정도 대화할 수 있다면, 외국어와 그 나라의 문화를 배운다는 즐거움과 함께 민간외교사절로서도 훌륭한 역할을 수행할 수 있다. 분명 노인의 이러한 사회적 건강성은 신체적 건강성으로 연결돼 장수시대에 건강한 노년생활을 즐길 수 있게 될 것이다.

노년이 갖는 진정한 의미는
인간관계와 사회생활의
직접적인 이해관계에서 해방되어서
마음을 확대시키고
인생과 세상을 관조할 수 있는
다시없이 좋은 기회라는 데 있다.

열린
노년

_5_

제 3 의 인 생 설 계 , 신 노 년 문 화

아름다운
노년

    2008년 내가 한국노년학회 회장으로 있을 때, 학회원인 노년학자(gerontologist)들이 생각하는 노년의 삶을 수필로 쓰게 해서 엮은 적이 있다. 노년학자란 사회학, 경제학, 건축학, 심리학, 사회복지학, 의학, 생화학, 보건학, 간호학 등의 관점에서 노년기의 삶을 연구하는 학자들이다. 그 책의 제목은 「노년의 아름다운 삶」인데, 지금 생각해 보면 좋은 제목을 붙였다고 여겨진다. 노인복지론 수업에 이 책을 부교재로 쓰기도 하였다. 학생들은 이 책을 통해 노년학 전문가들이 생각하는 아름다운 노년을 공감할 수 있었다.

    나는 학술논문이건 수필이건 글을 쓸 때 가끔 '노인'이란 말 대신에 '노년'이란 말을 쓴다. 사실 노인이란 낡고 해어져 버려지기 직전이란 느낌이 있는 단어이다. 그러나 노년이란 소년, 청년, 중년 다음에 오는 자연스러운 인생주기의 한 단계이며, 전 단계와 마찬가지로 해야 할 일이 있고, 그 일에서 의미를 찾고, 다음 단계(죽음)를 준비하는 시기이다.

노년이 갖는 진정한 의미는 인간관계와 사회생활의 직접적인 이해관계에서 해방되어서 마음을 확대하고 인생과 세상을 관조할 수 있는 다시없이 좋은 기회라는 데 있다. 이 시기의 인간은 좀 더 넓고 시원한 쪽으로 진보할 수도 있고, 혹은 좀 더 좁고 답답한 쪽으로 퇴보할 수도 있다. 아름다운 노년이란 인간과 세상을 향해 마음을 열고, 보이는 것의 이면에 흐르는 아름다움 혹은 추함의 본질을 분별할 수 있는 지혜로운 노년이 아닐까?

아름다운 노년이란 자기 자신에게 집착하지 않고 모든 이해관계와 욕심으로부터 해방되어 여유로운 유머 감각을 갖고 살아가는 사람일 것이다. 그래서 말년에 풀 한 포기를 즐기며 태양의 따뜻함을 새롭게 음미하면서 그동안 무관심하였던 세상과 우주에 대한 새로운 진리를 터득하는 사람일 것이다. 그는 죽음에 대해 불안을 가지는 것이 아니라 오히려 죽음을 영광의 승리로 수용할 수 있는 사람이다. 아름다운 노년의 지혜는 사실 모든 사람들이 세상을 살아가는 원리가 되어야 한다. 그렇다면 우리가 추구해야 하는 '아름다운 노년'이란 구체적으로 어떤 것일까?

첫째, 의존적인 노년이 아니라 독립적인 노년이다. 신체와 정서 그리고 경제적인 측면에서 노년은 타인에게 의존적이기 쉬운, 때로는 의존적일 수밖에 없는 특징이 있는데 의존성이 높은 노년은 현실적으로 가족이나 주위의 타인으로부터 사랑과 존경, 그리고 인격적인 대접을 받기 어렵다. 사회적 와해론(Social Breakdown Theory)에 의하면 노년은 의존성 증가 → 부정적 사회인식 → 부정적 자기인식 → 자기낙인 → 취약성 악화의 악순환을 통해 결국 사회적으로 와해된다는 것이다.

건강한 노년은 말할 것도 없고 비록 그가 병약하여 간호를 받아야 하는 상황에 처해 있다 하더라도 노년은 품위를 지키며 자기의 신변과 운명을 스스로 결정하는 독립적인 인격체로 존중받아야 하고, 노년 스스로도 독립성을 유지할 수 있도록 노력해야 한다. 심지어 배우자가 먼저 세상을 뜬다 해도, 남아있는 노년은 독립적으로 홀로서기를 연습해야 할 것이다.

둘째, 닫힌 노년이 아니라 열린 노년이다. 심리적인 측면에서 노년은 폐쇄적이고 고집스러운 자세가 아니라 세상을 있는 그대로 이해하고 수용할 수 있는 넓은 마음의 소유자이어야 한다. 자녀, 젊은이, 새로운 친구를 자기의 관점으로만 보면 불만과 불평을 떨쳐버리기 어렵다. 새로운 지식과 기술을 습득하는 데 주저하지 않는 노년은 급격히 변화하는 세상에 잘 적응하며 오히려 그 변화를 즐길 수 있다.

세상의 새로운 변화를 받아들이고 그것을 삶에서 즐겁게 누리는 것이 노년에겐 결코 쉬운 일이 아니다. 자기의 주관은 분명히 있으나 상대방의 눈높이에서 대화하고 지시와 훈계하기를 조심

하는 노년, 그리고 주위 사람들을 격려하고 힘을 실어주는 노년은 그러한 배려가 되돌아와 그가 관계하는 사회에서 관심, 대화, 사랑, 존경의 중심에 서 있을 수 있다.

셋째, 받는 노년이 아니라 주는 노년이다. 사회적인 측면에서 노년은 주위로부터 도움을 받는 대상이 되기 쉽다. 도움을 받는 데 익숙한 노년은 결국 사회적 주류(主流)로 인정되기 어렵다. 노년이 갖고 있는 자원은 많지 않지만 그래도 남아 있는 자원을 갈고 닦아서 사회에 유익한 자원으로 전환시킬 때 노년은 사회적으로 유용성을 발휘할 뿐만 아니라 개인적으로도 효능감을 느낄 수 있다.

가정과 사회에서 역할을 찾는 것, 그리고 여러 가지 봉사활동에 참여할 수 있는 기회를 갖는 것은 현대사회에서 노년들이 사는 재미와 보람을 느낄 수 있는 효과적인 길이다. 노년을 공경하기 위해 베푼 '경로(敬老)'잔치가 때로는 노인을 가볍게 보고 밥이나 한 상 차려 드리는 '경로(輕老)'잔치로 보여 안타까울 때가 있다.

위에 제시한 세 가지 관점은 모든 노인복지 관련 기관이 노인복지 프로그램을 개발하는 데 기본 원칙이 되어야 한다. 이러한 삶을 사는 노년은 젊은이들이 봐도 아름답고 노년 자신이 봐도 아름다울 것이다. 젊음의 아름다움과 노년의 아름다움은 그 질에 있어서 다르다. 오히려 장년을 통해 노년에 이르도록 이러한 특징을 잘 개발한 노년은 몸은 비록 쇠하였더라도 사랑, 자비, 용서, 헌신 등 인생의 완성을 향한 길을 걷게 될 것이다.

가르치려
하지 마세요

    몇 년 전 크리스마스 직전 삼성이 후원하고 한국노인복지관협회가 주관하는 '산타 할아버지 할머니' 이벤트가 있었다. 빨간색의 산타 복장을 한 남녀 노인들 5~6명이 팀을 만들어 서울 시내저소득 지역의 보육원과 어린이집에서 산타 행사를 하는 것이었는데, 그 이벤트에 앞서 그들이 아이들 앞에서 할 계획으로 그동안 준비했던 이야기와 예능 실력을 다른 팀에게 선보이며 평가받는 모임이 있었다. 각 노인복지관에서 한 팀씩 나와 7~8분 정도의 리허설을 하였고, 나는 거기에 심사위원으로 참여하였다.

    100여 명의 60, 70대 남녀 노인들은 신나 있었다. 그도 그럴것이 괜히 기분이 들뜨는 연말에 남녀 노인들이 아이들에게 선물을 나누어 주는 산타 행사에 주인공이 된다는 것이 색다른 체험이었을 것이다. 그리고 그냥 선물만 나누어 주는 것이 아니고 재미있고 교훈적인 이야기를 노래와 춤에 섞어 전달하기 위해 그동안 맹연습을 한 후 마지막 리허설이었으니, 그 시간이 많이 긴장되고 흥분되는 순간이라는 것을 충분히 공감할 수 있었다.

그들은 마치 유치원 어린이들이 공연 전에 무대 뒤에서 소리 낮춰 재잘대며 초조해 하면서 차례를 기다리는 것같이, 산타 복장이 잘 어울리는지 서로 옷매무새를 고쳐주고 극 대사를 외우거나 몸을 비틀면서 깔깔, 껄껄대며 좋아해 하고 있었다. 다른 팀이 리허설을 할 때 자기들이 연습한 것과 어떻게 다른지 주의 깊게 관찰하였고 때론 박장대소를 하며 응원과 축하를 해 주기도 하였다. 산타로부터 선물을 받는 아이들이 즐거워하게 될 것보다 산타가 되는 노인들이 더 즐거워하는 모습을 보며, 아마 그 노인들에게는 생애 최고의 크리스마스 전야제가 아니었을까 생각해 보았다.

그런데 리허설을 지켜보면서 난 이 공연팀들이 공통적으로 갖고 있는 특징 하나를 발견하였는데, 그것은 그들의 이야기가 너무 '교훈적'이라는 것이었다. 거의 모든 팀들이 이야기의 마지막을 "그래서 어린 여러분은 이제부터 엄마 아빠 말씀 잘 듣고, 공부 열심히 해서 훌륭한 사람이 되길 바라요"로 끝내는 것이었다.

아! 노인들은 어린이나 청소년을 만나면 늘 저렇게 뭔가를 가르쳐야 한다고 생각하는 모양이로구나. 그들이 평생을 살면서 배우고 터득한 윤리의 기본은 '착하고 열심히 공부해서 훌륭한 사람이 되는 것'이었으니까 앞길이 창창한 아이들에게 어른으로서 뭔가 좋은 훈계를 하고 싶겠지. 그러나 과연 그 말을 새겨듣고 그렇게 해야겠다고 생각하는 아이가 몇 명이나 될까? 아니면, 늙은이들이 또 '설교'하는구나 하고 지겹게 생각하지는 않을까?

산타 할아버지, 할머니는 뭔가 좀 다른 이야기를 해 주어야 할 것 같다. 아이들이 상상의 나래를 마음껏 펼 수 있는 코믹하고 판타스틱한(웃기고 신비로운) 이야기들 말이다. 굴뚝을 통해 집에 들어온 산타답게 굴뚝에서 뭉게뭉게 피어오르는 연기에 얽힌 신비로운 이야기라든가, 가난한 사람들이 돈 많은 사람들보다 오히려 더 행복하게 사는 이야기라든가, 세상엔 자기 자신만을 위하고 악하게 사는 사람들도 있지만 결국엔 약한 사람을 도우며 정의롭게 사는 사람들 때문에 아름다운 세상이 만들어진다는 이야기라든가….

나는 심사평을 하면서, 어르신들이 아이들을 사랑하는 마음에서 여러 가지 훈계를 하고 싶겠지만 가급적 그런 훈계는 하지 않는 게 좋겠다고 이야기하였다. 아이들은 주위 어른들로부터 늘 듣는 얘기가 공부 열심히 해라! 부모님 말씀 잘 들어라! 인데 여기에서까지 그런 얘기를 할 필요는 없을 거라고 역설하였다.

노인들이 손자녀를 만날 때, 혹은 학습지원 자원봉사나 1·3세대 교류 프로그램에 참여하면서 아이들을 만날 때, 그들을 자꾸 가르치려 하지 않는 게 좋겠다. 노인들은 세상을 오래 산 입장에서 인생은 이렇게 살아야 하고 세상은 저렇게 되어야 한다는 가치관이 가슴 깊이 뿌리 박혀 있어서 젊은이를 만나면 자기의 생각을 자꾸 주입시키고 설교하려 드는 경향이 있다.

물론 유명한 자아심리학자인 에릭 에릭슨(Erik Erikson)이 주장한대로 중년 이후 심리적 안정감을 주는 생산성(generativity)은 다음 세대를 양육하고 지도하며, 이전 세대의 문화와 의식을 후세대에 전수하는 일을 통해 이루어진다. 그러나 그것은 권위적이고 지시적인 방법이 아니라 자율적이고 상호교환적인 방법에 의해 이루어질 때 효과가 있다.

최근 노인과 젊은이(혹은 성인과 청소년) 간에 사상과 가치관이 달라 대화가 되지 않는다는 이야기들을 많이 한다. 그래서 복지관이나 종교기관 같은 곳에서는 세대교류 프로그램을 만들어 양 세대간의 상호이해를 촉진하려는 노력을 많이 볼 수 있다. 나는 세대 간의 대화와 통합을 위해서는 노인 쪽에서의 노력이 먼저 이루어져야 한다고 본다. 젊은이들이 뭔가 잘못하고 있는 경우 분명한 훈계가 있어야 하겠지만, 그러나 노인들이 먼저 권위주의적인 생각을 버리고 좀 더 평등주의적인 대화방법을 구사한다면 젊은이들도 마음의 문을 열고 노인들의 생각과 걱정을 이해하려고 노력할 것이다.

노인의 이러한 노력은 젊은이와의 관계에서만이 아니라 배우자나 친구와의 관계에서도 필요하다. 상대방을 비난하고 질책하는 것이 아니라 수용하고 격려하는 것은 생산적인 인간관계를 만드는 기초이다. 상대방을 인정하는 노인은 고집불통과 독불장군이라는 이미지를 벗고 존경과 교제의 대상이 된다. 사실 이런 긍정적 행동양식은 일정한 훈련을 통해 향상될 수 있기 때문에, 노인을 대상으로 하는 인간관계훈련 같은 프로그램이 많이 개발될 필요가 있다.

젊은이에 대한 노인의 걱정과 관련하여 재미난 이야기가 있다. 역사 이래로 노인들은 젊은이들을 못마땅하게 생각하였다. 젊은이들이 하고 다니는 꼬락서니며 생각하고 말하는 것 모두가 노인들의 마음에 거슬렸다. 옛날부터 지금까지 노인들은 젊은이들을 보며 세상이 말세가 되었다고 한탄하였다. 젊은이들이 노인 생각대로 하지 않으니 세상은 더 이상 희망이 없다는 것이다. 그러나 바로 그 젊은이들에 의해 세상은 지속적으로 발전되어 왔다.

노년기의 따뜻한 인간관계는 노년생활을 풍요롭게 하며, 특히 노인에게 사회적 역할이 마땅히 주어지지 않은 상황에서 여러 사람들과 더불어 활기찬 삶을 살도록 하는 중요한 요소이다. 평생을 같이 살아 왔던 가족과 친구는 물론, 사회 및 복지 기관에서 새롭게 만나는 사람들과 긍정적인 관계를 맺기 위해 이제 노년기엔 인간관계에 대해 더욱 더 새로운 관심이 있어야 하겠다.

특히 아이들을 만나는 어르신들은 이제 가르치고 싶은 충동을 가급적 자제하고, 아이들과 즐거운 시간을 함께 한다는 것으로 만족하는 게 좋겠다. 훈계 아닌 훈계, 그게 오히려 아이들에게 더 도움이 될 것이다.

세대
통합

　"야권이 통합 정당 창당을 준비하면서 젊은 층인 '2030 세대'의 마음을 얻기 위해 상당한 공을 들이고 있다. 과거 투표율이 가장 낮은 층에 속했지만 최근 실시된 재보선에서 이들의 투표가 당락의 향배에 큰 영향을 미칠 정도로 정치적 비중이 높아졌기 때문이다. 여러 방안 중 35세 이하 청년층에게 비례대표 의원직을 부여하는 것이 대표적이다. 기성 정치권이 청년층의 어려움을 정책으로 담아내는 것도 중요하지만 이들이 직접 정치 일선에 뛰어들어 청년층의 목소리를 대변하는 일이 필요하다는 판단에서다. 비례대표 선발은 당에서 꾸린 소수의 공천심사위원회가 심사하는 형태를 벗어나 '슈퍼스타K' 방식으로 청년 출마자들을 추려낸 뒤 청년 당원이나 시민들이 직접 선출하는 방법을 고려하고 있다."

지난 총선 때 나는 이런 신문기사를 접하고 착잡한 심정이 들었다. 야권만이 아니라 여권도 무슨 소통위원회를 강화한다는 등의 호들갑을 떨고 있다. 청년들의 표심을 잡기 위해 청년층의 비례대표 의원을 고려한다면 노인의 표심을 잡기 위해 노년층의 비례대표 의원도 고려해야 할 텐데 노년층에 대해서는 이렇다 할 의견 제시가 없었기 때문이다.

청년층에는 많은 공을 들여야 하고 노년층에게는 그렇게까지 공을 들일 필요가 없어서인가? 그러니까 청년 표는 비싸고 노인 표는 싸다는 얘기인가? 청년은 투표가 일정한 방향성을 갖고 있지만 노인의 경우는 표가 분산되기 때문에 굳이 노인 표는 의식하지 않아도 된다는 얘기는 아니겠지?

2030, 2040, 7080… 무슨 암호 같기도 한 이러한 숫자가 지금 우리 사회를 은연중에 갈라놓으며 서로 기 싸움을 하고 있는 것 같다. 젊은이는 높은 등록금 때문에 대학 졸업하기도 어렵고, 대학을 졸업해도 취직하기가 어렵다고 아우성이다. 그들은 기성세대가 일궈놓은 모든 업적과 가치관을 부정하고 뭔가 새롭게 바꾸는 것만이 능사인 것처럼 생각하는 것 같다.

노인은 평생 자식과 사회를 위해 헌신하였으나 돌아오는 것은 가난과 질병의 불안뿐이라고 불평한다. 이기주의에 빠진 젊은이들이 철없이 집단행동을 하는 것은 나라를 망치는 길이라고 걱정을 한다. 청년층과 노년층이 서로에 대한 이해와 배려 없이 서로를 문제시하며 심리적으로 갈등하고 있는 모습은 우리의 현재와 미래를 위해 결코 바람직한 일이 아니다.

만약 여기에 20~30년 후로 예상되는 노령연금 고갈이라는 문제가 가세한다면 그 갈등은 심리적인 차원에서 끝나지 아니하고 양자 간에 현실적인 고통으로 다가올 것이다. 즉, 연금갹출금을 적게 내려는 젊은이와 그 해의 갹출금으로 노후생활을 지탱해야 하는 노인 사이에 소리 없는 전쟁을 하게 될 것이고, 조정역할을 해야 하는 정부는 진퇴양난에 빠져 국가운영에 큰 차질을 빚을 것이기 때문이다. 세대갈등이란 전통적 가족제도가 핵가족으로 변화하면서 사회적으로 청년세대와 노년세대 간에 제한된 자원과 역할을 더 많이 차지하려고 갈등을 빚는 것이고, 결국 이것은 양 세대 모두에게 불행이다. 과거에는 청년들이 노인을 존경하고, 노인은 청년을 지도하면서 자연스럽게 전통이 계승되고 세대통합이 이루어졌었다. 어느 연령층이 소외되거나 불이익을 당하는 일이 없었다.

세대통합이라는 것이 문제된 것은 20세기 후반 노인인구가 증가하면서 노인의 소득을 어떻게 보장해주고 병약한 노인을 누가 부양하느냐 하는 것이 사회적 이슈로 등장하면서 부터이다. 정서적 그리고 정치경제적으로 거리감을 갖고 있는 양 세대가 더 많은 교류를 통해 서로를 이해하고 협력하면서 유대관계를 강화하여 세대통합을 이룬다면 모두에게 이익이 될 수 있을 것이다.

노인 입장에서 볼 때 세대통합은 개인적으로는 가족 내에서 자녀 및 손자녀와의 원만한 관계를 통해 사랑과 존경을 받는 것이며, 사회적으로는 아동과 청소년 그리고 청년들과 같이 어울리면서 그들에게 삶의 지혜를 전수하거나 그들이 겪는 어려움을 어루만져 주는 것이다.

노인의 세대통합적인 사고방식은 젊은이와의 원활한 소통을 통해 그들을 격려하고 우리 사회가 질서를 유지하면서 더욱 활기 있게 발전하는 데 기여한다. 이렇게 해서 형성된 긍정적인 노인 이미지는 노인 자신에게 바람직한 효과를 가져다주고 결국 고령화 사회에서 노인복지를 향상시킨다.

따라서 교육 · 사회 · 종교단체 및 사회복지기관에서는 세대통합을 위한 프로그램을 적극적으로 개발할 필요가 있다. 예를 들면, 노인들이 과거에나 통용되었던 권위의식을 버리고 현대의 인간관계에 적합한 대화법을 새로이 배운다든지, 아동과 청소년 교육현장의 다양한 영역에 보조교사로 활동한다든지, 혹은 청년 및 중장년층과 더불어 지역사회 봉사활동에 참여하는 일들이다.

노인들끼리 무엇을 한다는 것은 노인에게는 심리적으로 편안하겠지만, 그러나 언제나 노인들끼리만 한다는 것은 바람직하지 않다. 사실 일반 사람은 노인들만 모이는 경로당이나 노인복지관, 노인들만 다니는 경로식당이나 경로대학, 노인들만 사는 노인아파트나 양로시설 등을 별로 친근감 있게 여기지 않는다. 이러한 '연령폐쇄적'인 시설이나 프로그램보다는 여러 연령대의 사람들이 같이 참여하고 관계하는 '연령통합적'인 시설이나 프로그램이 바람직하다. 노인들만 모여 있는 그곳에서 바로 노인에 대한 편견이 시작된다.

아놀드 로즈(Arnold Rose)에 의해 제창된 노인의 하위문화론(Aged Subculture Theory)에 의하면, 노인들간의 빈번한 상호작용은 노인 특유의 규범과 가치관 등 하위문화를 형성하는데, 그 하위문화에 속한 노인은 그들끼리만의 교류로 인해 정서적 안정감을 갖는 반면 사회적 통합의 측면에서는 바람직하지 못하다. 할 수만 있다면 노인은 다양한 세대와 어울리고 살아야 할 이유가 여기에 있다.

이제 노인들은 마음을 열어 젊은 세대를 받아들이자. 그들의 고민과 희망의 속삭임에 귀를 기울이자. 가치관과 행동양식이 다르다고 꾸짖지 말고, 그 세대가 꿈꾸거나 고민하고 있는 것이 무엇인지에 대해 깊은 이해심을 발휘하자. 그리고 그들의 눈높이로 내려가 그들에게 도움이 될 수 있는 것이 무엇인지 조용히 생각해 보자. 노인 비례대표 국회의원 자리를 하나 내놓으라고 으름장을 놓을 게 아니라, 이 나라가 새로운 기운으로 정진하는 데 노인들이 기여할 수 있는 자리가 어디인가를 찾아보자.

황혼
육아

　황혼육아가 저출산·고령화 사회의 새로운 이슈로 떠올랐다. 은퇴 후 편하게 지내야 하는 노년기에 맞벌이 성인자녀를 위해 손자녀 봐주는 일이 즐거움인가 아니면 고통인가? 시간 날 때 잠깐씩 봐주는 게 아니고 요즈음 아예 성인자녀와 일종의 계약을 맺고 몇 달 혹은 몇 년을 봐주는 경우가 점점 늘고 있는 추세이다.

　특히 자기 몸도 성치 않은데 친구들과의 만남을 포함하여 사회생활도 거의 포기한 채 손자녀를 하루 종일 돌봐줘야 하는 할머니들이 많아지는 게 문제이다. 조부모는 딸이나 며느리가 아이 봐달라고 할까봐 아이 언제 낳을 거냐고 묻지도 못하고, 성인자녀는 안전하게 아이를 봐줄 사람이 없어서 아이를 낳지 않으려는 경향이 강해지는 게 최근의 현실이다.

2014년 연세대학교 전혜정 교수가 재미있는 연구발표를 하였다. 45~74세 여성 2,300여 명을 조사해보니, 지난 1년 동안 일주일에 10시간 이상 손자녀를 본 사람은 그렇지 않은 사람보다 인지능력이 높다는 것이다. 단, 자발적으로 해야 인지능력 향상 효과가 커진다는 것이다. 다시 말해, 즐거운 마음으로 적당한 시간 손자녀를 보면 치매에 걸릴 가능성이 낮다는 것이다.

사실 시간적, 정신적으로 별 부담감 없이 사랑과 기쁨의 마음을 갖고 손자녀를 돌볼 수 있다면 이는 노년의 행복이고 삶의 재미일 것이다. 그러나 그런 경우는 많지 않고, 맞벌이 성인자녀를 대신해서 적어도 낮 시간동안 육아에 전적인 책임을 지는 경우엔 심리적으로 복잡한 문제가 발생할 수 있다.

같은 해 나의 제자인 김현정 박사는 그 복잡한 문제를 Q질적 방법을 통해 조사하여 박사학위 논문을 썼다. 연구주제는 "맞벌이 가족의 손자녀 양육유형과 가족역동"이다. 맞벌이 부부들은 가장 믿을만한 대리양육자로 조부모를 꼽지만 정작 조부모가 손자녀 양육에 참여하게 되면서 성인자녀와 조부모는 다양한 갈등을 경험할 수 있게 된다는 것이다.

그의 연구에 따르면, 조부모의 손자녀 양육유형은 크게 두 부류로 나뉜다. 하나는 '손자녀중심형'으로서 손자녀의 양육자라는 역할 그 자체에 보람을 느끼는 유형이다. 손자녀가 잘 자라고 성인자녀가 사회에서 당당하게 살아가는 모습을 지켜보는 것으로 만족한다. 또 다른 유형은 '조부모중심형'으로서 어쩔 수 없이 손자녀를 양육하는 유형이다. 이들에게 있어서 손자녀 양육은 스트레스를 받는 일이긴 하지만, 자식에게 경제적으로 풍요롭게 해주지 못한 것에 대한 때늦은 보상을 주는 것이기도 하고 혹은 자신의 불안한 노후에 대한 일종의 보험이기도 한 것이다.

조부모의 손자녀 양육에 대한 성인자녀의 인식도 크게 두 가지 유형이 있다. 하나는 가정과 직장에서의 역할을 동시에 감당하기 위해서는 노부모에게 의존할 수밖에 없고, 노부모에 대한 죄송한 마음 때문에 노부모와 편안한 관계를 만들어 가기 위해 먼저 노력하는 유형이다. '역할관리형'이다. 또 다른 유형은 노부모의 도움을 받지만 직장과 가정에서 요구하는 과도한 역할에 압도되어 여전히 생활 전반에서 어려움을 호소하며 노부모에게 의존한 채로 감사한 마음보다 불평하며 자신의 일상을 힘겹게 꾸려 나가는 유형이다. '역할과잉형'이다.

이 네 가지 유형을 교차시켜 보면 다양한 가족역동이 나타난다. 손자녀중심형의 조부모와 역할관리형의 성인자녀가 만나면 그 관계는 보람되고 행복하다. 그러나 반대로 조부모중심형의 조부모와 역할과잉형의 성인자녀가 만나면 힘들고 불행하다. 많은 경우 이 두 극한점의 중간 어디쯤에 위치해서 다양한 형태의 갈등을 경험하게 된다는 것이다.

맞벌이 가족의 손자녀 양육은 성인자녀와 조부모가 상호 합의하여 어린 손자녀를 안전하게 양육하는 것이 목적이다. 그러나 위의 연구결과에서 보듯 조부모와 성인자녀는 손자녀 양육이라는 문제를 각자의 입장에서 바라보면서 세대관계가 조화롭게 되기도 하고 혹은 갈등으로 치닫게 되기도 한다. 결국 맞벌이로 인한 양육공백에 조부모가 해결사로 나서는 것은 한계가 있기 마련이다.

노부모와 성인자녀는 둘의 관계를 긍정적으로 만들기 위해 각자가 지혜를 발휘할 필요가 있다. 성인자녀는 후세대를 향한 사랑으로 자신을 헌신하는 노부모에게 하루하루의 노고에 진정한 감사를 표현해야 한다. 반대로, 노부모들은 죄송한 마음을 표현해 오는 성인자녀들에게 보람된 일을 줘서 고맙다고 표현해 보고, 비록 아이는 내가 돌보지만 치열하게 살아가는 성인자녀의 모습이 장하다고 칭찬해 주어야 한다.

사실 황혼육아의 문제는 최근 노년기를 신혼부부처럼 지내는 황혼부부가 늘어나는 추세와도 관련이 있다. 젊었을 때는 자녀양육과 직장생활로 인해 여유있는 부부생활을 누리지 못했던 부부가 노년기에 접어들어 취미나 봉사활동을 함께하면서 좀 풍요로운 삶을 영위하고자 하는 때 나타나는 문제이다. 따라서 이 문제는 개인과 가정 내부의 문제라기보다 하나의 사회적 현상으로 이해하며 사회적 해결책을 강구해야 할 문제인 것이다.

이 황혼육아의 문제는 핵가족시대에 저출산과 고령화가 만나는 지점에서 나타나는 사회적 이슈이다. 개인적으로는 문제 해결이 쉽지 않고, 또 많은 사람이 그 문제로부터 고통을 받고 있다면 이는 국가가 나서서 해결해 주어야 한다. 노부모로부터 독립하고 싶지만 의존할 수밖에 없는 성인자녀에게 육아휴직제도를 보강하여 양육권을 보장하고, 보육서비스를 개선하며, 황혼육아를 책임지는 조부모를 위한 지원과 보상 체계를 강화하는 등 좀 더 적극적인 제도 개선이 이루어져야 할 것이다.

지공카드를
받고

지난 1월에 지공카드를 발급받았다. 지하철을 공짜로 타는 카드이다. 공식명칭은 어르신 교통카드이다. 카드 색깔도 밝은 청색이다. 공짜로 지하철을 탈 권리를 주니 많이 다니면서 젊게 살라는 뜻이 있는 것 같다. 서울에서 천안·아산도 가고 춘천도 다니면서 무료한 시간을 잘 보낼 수 있을 것 같다. 국가에서 정책적으로 노인들을 위해 이런 좋은 배려를 해주니 새삼 대한민국이 대단한 나라라는 생각을 하게 되었다. 그동안 대한민국 국민으로서 많은 권리와 의무를 감당해 왔지만 이런 혜택을 받고 보니 애국심까지 높아지는 것 같다.

내가 그래도 명색이 노인복지 전문가인데도 지공카드를 받고 보니 만감이 교차하였다. 아니, 마음이 약간 흔들렸다고 해야 정확한 표현일 것이다. 나도 이제 자타가 공인하는 노인이 되는 건가? 카드를 사용하면서 몇 가지 생각이 들었다.

첫째, 이제는 더 건강하게 살아야 하겠다. 노인들에게 지공카드를 주는 이유는 건강하게 살면서 가급적 건강보험의 혜택을 적게 보라는 뜻이 있을 것이다. 노인의 건강은 이제 개인적인 문제가 아니라 가족과 사회의 문제로 확대되었다. 전체 인구의 10%가 좀 넘는 노인들이 건강보험 재정의 30% 이상을 쓰는 것은 문제가 있다. 노인의 건강문제는 이제 국가적인 대과제이다. 병약한 노인이 많아져 건강보험 재정이 더 악화된다면 젊은이와의 갈등관계가 심각해질 것이다. 왜냐하면 젊은 근로자가 낸 보험료로 보험료를 내지 않는 노인들이 혜택을 보기 때문이다.

나에게 잘 맞는 건강의 좋은 습관을 길들이고 나쁜 습관을 버리는 결단과 노력이 필요하다. 지하철에서 내려 집에 들어갈 때 한 정거장 먼저 내려서 걷자. 어깨를 쭉 펴고 팔을 크게 흔들면서 걷자. 적당히 빠른 속도로 걸으면 뇌를 자극해 치매에 덜 걸리고 창의적인 생각도 더 잘 나온다고 한다.

둘째, 이제는 어르신으로서의 책임감을 더 느껴야 하겠다. 어르신이란 뜻은 젊은이로부터 존경받을만한 행실을 하고, 매사에 신중하고 배려심이 있어 지혜로운 판단을 하는 사람을 말하는 것이 아닐까? 젊은이와 후학·후손들에게 언행에 있어서 모범을 보이는 어르신, 친절하고 따뜻한 말 한마디로 주위 사람들을 격려하는 어르신, 그리고 예의를 차리고 중용을 지켜 젊은이의 표상이 되는 어르신이 되어야 하겠다.

몸의 움직임은 항상 가볍고, 얼굴에는 곧 신나는 일이 일어날 것 같은 분위기도 필요하다. 개인위생을 철저히 하고 외모를 가꾸는 일에도 신경을 써야 하겠다. 한 노인의 단정하고 단아한 모습은 노인 전체의 이미지를 긍정적으로 만드는 데 기여한다. 추레하고 너절한 모습은 대한민국 노인 전체의 이미지를 상하게 한다. 이런 모습은 '나는 당신과 교제하고 싶지 않다'라는 뜻을 전함으로 노인의 고독과 우울을 가중시킨다.

셋째, 이제는 자유롭게 살아야 하겠다. 몸을 움직이는 자유의 폭이 넓어졌으니 이제 마음도 어느 한 곳에 가두어 두지 말고 자유롭게 놔두어야 하겠다. 마음을 부자유하게 만드는 속박들, 예를 들면 미움, 원망, 완고함, 불안, 우울 등 마음이 좁은 노인의 특성으로 보이는 부정적인 생각들이 나의 마음을 침범하지 못하도록 항상 경계해야 하겠다.

노인이 되면 여러 가지 것들이 마음에 들지도 않고, 또 귀찮게 느껴져 뭔가 적극적인 개선을 시도하게 되지 않을 것이다. 외향적이었던 사람도 내향적으로 변하기 쉽다. 미래지향적이기보다 과거지향적인 경향이 높아진다. 속상한 일이 생기면 모든 것 훌훌 털어버리고 지하철 타고 온양 온천에 가서 몸과 마음의 찌든 때를 벗겨 버리든가, 풍경 좋은 춘천 소양강에 가서 시원한 바람에 울적함을 날려버리고 오면 되는 거 아닌가? 어떤 구애도 받지 않고 혼자서 혹은 마음 맞는 친구들끼리 훌쩍 떠나버릴 수 있을 것이다. 그리고 거기에서 사회가 기대하는 나의 거짓된 모습과 내가 기대하는 나의 참된 모습 사이의 간극을 좁혀 스스로에게 진실해지자는 다짐도 해 볼 수 있을 것이다. 또한 자유로운 영혼의 소유자라면 고령에 십중팔구는 찾아오는 질병의 고통이나 누구도 피할 수 없는 사랑하는 사람과의 이별로부터도 자유할 수 있는 지혜를 터득할 수 있을 것이다.

지공카드는 지하철 본부에는 손해나는 일일지 몰라도 국가 전체적으로는 상당히 유익한 일이다. 혹시 손해보는 부분이 있다면 적절히 보완해서 지속시킬 일이다. 노인들이 이곳저곳을 다니면서 쓰는 돈도 적지 않을 것이며, 여러 군데의 노인 교육 혹은 복지 단체들을 다니면서 배우고, 사귀고, 봉사하는 일은 많은 예산을 들여 노인복지제도를 운영하는 것보다 훨씬 더 자연스럽고 효과적일 것이기 때문이다. 이 카드는 대한민국 노인의 신체적·심리적 영양소이며, 최소한의 자존심이다.

이제 우리 사회는
베이비붐 세대가 노인이 되는 데에 따른
여러 가지 대응책을 마련해야 하는 데,
건강할 때나 병들었을 때나
어디에서 살아야 하는지의 문제는
향후 노인복지의 주요 과제가 될 것이다.

안정된
노년

_6_

제 3 의 인 생 설 계 , 신 노 년 문 화

노인상담제도가
필요하다

　고령사회는 우리에게 즐거움과 어려움을 동시에 준다. 장수의
즐거움과 역할상실의 어려움이 그것이다. 많은 노인들은 무병장
수와 활기찬 노년생활을 원하지만 그것이 그리 쉽게 달성되는 것
은 아니다. 본인의 노력이 우선이겠지만, 가족의 지지와 사회의
지원이 필요하다. 노인이 자신의 삶을 독립적으로 영위하고 인간
적인 존엄을 유지하며 나아가 자아실현을 달성하기 위해서는 노
년생활에 필요한 여러 가지 자원의 결핍을 사회적으로 보충해 주
어야 한다.

　고령사회에서 국가와 사회가 노인들을 위해 제공할 수 있는 것
이 있다면 그것은 바로 가치 있는 교환자원을 보충해주어 노인에
게 자긍심을 갖게 하는 일일 것이다. 건강을 유지하면서 즐겁고

보람되게 여생을 보낼 수 있도록 노인과 노인을 모시고 사는 가족에게 유익한 정보를 제공하고, 심리적 불안과 어려움을 극복할 수 있도록 상담을 하고, 다양한 영역에서 평생교육을 실시하는 것이 필요하게 되었다.

우리나라 노인복지법에는 오래 전부터 노인복지상담원 제도가 규정되어 있지만 거의 사문화되어 있다. 있다 해도 일반 공무원이 겸직을 하고 있어서 전혀 기능을 발휘하지 못하고 있다. 소수의 민간단체에서 노인상담을 하고 있지만 그 범위는 아주 제한적이다.

한국노인의전화에서 전화상담이 이루어지고 있지만 노인생활에 관한 정보제공 정도이다. 대한노인회가 노인상담사전문교육과정을 두고 상담원을 배출하고 있지만 전문성이 부족하다. 노인학대문제를 다루는 노인보호전문기관이나 보건소 내에 노인치매상담센터가 있지만 특정한 문제에 국한되어 있다. 소수의 노인종합복지관에서 죽음준비교육과 자살예방프로그램을 실시하고 있지만 아직 죽음 및 자살에 관한 전문상담은 역부족이다. 서울노인복지센터에서도 노인상담을 실시하고 있으나 아직 전문성이 부족하다. 다만 경기도가 노인종합상담센터를 두고 복지 및 법률에 관한 정보제공, 우울검사 및 심리검사를 포함한 전문심리상담, 그리고 필요한 경우 타 기관으로의 의뢰를 시행하고 있다.

노인상담사는 노년생활의 6가지 요소, 즉 건강관리, 재산관리, 여가선용, 인간관계, 주거선택, 죽음준비 등에 관한 정보제공과 심리상담을 할 수 있어야 한다. 노인상담은 건강한 노인과 심신이 허약한 노인 모두를 대상으로 한다.

건강한 노인에게는 일자리, 건강증진, 자원봉사, 취미생활 등 여가선용 계획을 수립할 수 있도록 도울 수 있다. 가족 및 인간관계의 갈등을 해결하고 성장을 돕기 위해 상담을 하며, 법률문제와 성문제에 관한 상담도 해야 할 것이다. 병약한 노인에게는 만성질환에 관한 적절한 의료상식과 지역사회 보건서비스, 그리고 치매와 중풍 환자를 위한 노인장기요양보험 제도와 서비스에 대한 자료를 축적해서 정확한 정보를 제공해야 한다. 거동 불편한 노인을 모신 가족의 휴식을 위한 정보제공과 호스피스 및 완화치료에 관한 상담도 필요하다. 나아가 노인에게 잠재되어 있는 영성을 확대할 방법도 제시할 수 있어야 한다.

노인상담의 목표를 몇 가지로 요약해보면 첫째, 경제·신체·심리·사회적으로 독립적이고 자립적인 삶을 지향할 수 있도록 격려하고 지원해야 한다. 둘째, 활기차고 생동감 넘치는 노후생활에 방해가 되는 요소를 극복할 수 있도록 지원해야 한다. 셋째, 건강 정도에 따라 심리적 안정을 도모할 수 있도록 지원해야 한다. 넷째, 노인을 모신 가족에 대하여 정보 및 상담 서비스를 제공하고 세대를 초월해서 서로 지지하고 격려하는 프로그램을 개발해야 한다. 노인상담의 궁극적인 목표는 노인이 사회적 주변인이 아니라 진정한 어르신으로서 사회적 존경과 지위를 회복하는 것을 돕는 것이다.

결국 노인상담이 지향하는 노인상(像)은 받는 노인이 아니라 주는 노인, 닫힌 노인이 아니라 열린 노인, 그리고 의존적인 노인이 아니라 독립적인 노인이어야 할 것이다. 즉, 노인상담은 고령사회에서 자칫 부정적인 이미지를 주기 쉬운 노인의 모습에 변화를 주어 우리 사회의 진정한 어르신으로서 존경과 대우를 받으며 살 수 있도록, 결국 노인의 역량이 강화(empowerment)될 수 있도록 도와야 할 것이다.

청소년의 경우는 청소년기본법에 청소년상담사 규정을 두고 있다. 일정 수준 이상의 학력과 경력을 가진 자에게 국가시험을 통해 1~3급의 청소년상담사 자격증을 주고 청소년 관련 기관에서 전문상담을 수행하도록 하고 있다. 우리가 작금의 사회적 이슈를 거론하면서 언필칭 고령사회를 대비해야 한다고 하는데, 그 대비책 중에 아주 중요한 의미를 갖는 노인상담제도에 대해 무관심한 것은 어폐가 있는 일이다. 몇 년 전 국내 노인 관련 학회 중 가장 활동이 많은 한국노년학회가 정기 학술대회에서 노인상담제도의 도입을 강하게 주장하였으나 정부의 무관심으로 방치되고 있다. 이제라도 노인복지법을 개정하여 하루 속히 노인전문상담제도를 실시해야 할 것이다.

노인을 위한
주거 설계와 상담

　　35년 전 내가 미국으로 유학하여 사회복지학 석사 공부를 할 때 임상실습 했던 기관은 Housing Bureau for Seniors(노인주택지원처)이었다. 이 기관은 노인주거상담 전문기관으로서, 원래는 대학병원에 소속된 Geriatric Hospital(노인병원)의 한 부서였는데 기능이 확대되면서 독립된 비영리기관이었다. 사실 난 이 기관에서의 실습을 통해 노인복지, 자원봉사, 복지행정 등 사회복지학의 진수를 직접 체험할 수 있었다.

　　노인병원에 입원해 있던 노인환자가 퇴원하면 전에 살던 집으로 돌아갈 수 없는 경우가 많다. 퇴원은 하였지만 여전히 치료를 받아야 한다거나, 더 이상은 혼자 살거나 가족이 돌볼 수 없어서 요양원에 가야한다거나, 아니면 상황이 호전되어 새로운 거처를 마련해야 하는 경우 등이다. 이러한 다양한 상황에 맞추어 퇴원하는 노인들에게 가장 적절한 주택을 소개하고 필요한 행정절차를 도와주는 서비스가 필요하다. 사회복지 전문용어로는 Information & Referral Service(정보제공 및 의뢰 서비스)인 것이다.

퇴원 후 가서 살아야 할 적절한 곳을 정해야 하는데 정확한 정보도 없고 일일이 찾아다니며 발품을 팔 기력도 없는 노인들에게 이 기관은 매우 중요한 역할을 수행하고 있었다. 노인병원의 사회복지사는 퇴원 훨씬 전부터 노인의 건강을 비롯한 여러 가지 개인 신상을 파악한 뒤 주거에 관한 상담이 필요한 경우 노인을 이 기관과 연결시켜 준다. 이 기관에는 소장과 총무만이 유급직원이고 나머지 모든 일은 무급 자원봉사자에 의해 처리된다. 여기에서 봉사하는 분들은 주로 건강한 남녀 은퇴자들이었다.

자원봉사자들은 내방 노인의 건강과 질병 상태, 경제 상태, 가족관계, 기타 개인적 특성을 고려하면서 충분한 상담을 한 뒤 3~4개의 주거 후보지를 제시하고 같이 다녀본다. 자원봉사자가 자기 승용차로 안내하고, 유류비는 나중에 주행거리를 계산해 환불받는다. 자원봉사자는 결국 시간으로만 봉사하는 셈인데, 이런 제도 때문에 자원봉사자는 경제적 부담 없이 오랫동안 자원봉사 활동에 참여하게 된다. 소위 요즈음 우리나라에서도 시도되고 있는 노노케어(老老 Care)인 셈이다.

이 기관은 지역의 노인주택 형태를 포함하여 노인주거와 관련된 다양한 제도와 서비스에 관한 최신 정보를 항상 보유하고 있다. 노인아파트, 공동생활가정, 요양원, 회복기환자 요양소 등 노인의 욕구에 맞추어 설치되어 있는 노인주택에 관한 구체적인 정보는 물론 법에 의해 혜택을 받을 수 있는 서비스(역모기지 등 금융서비스, 주택수리비 신청 등)에 관한 정보를 확보해 놓고 있으며, 필요한 행정서식을 갖추고 언제라도 신청해서 입주할 수 있도록 돕는다. 소위 노인주거에 관한 원스톱(One-stop) 서비스 센터인 것이다.

그런데 여기에서 눈길을 끄는 것은 회복기환자 요양소(convalescent home)이었다. 이곳은 퇴원 후 요양서비스가 필요하긴 하지만 요양원(nursing home)에 가야 할 만큼 중증이 아닌 환자들이 일정 기간 건강을 회복하는 곳이다. 요양원의 한 형태이긴 하지만 재활에 중점을 더 두는 곳으로서, 병원과 요양원 간 중간시설인 셈이다.

사실 따지고 보면 병원에서 급성질환을 치료해서 급한 불을 끄기는 했지만 상태가 좀 호전되었다고 가정으로 곧 모시거나 혹은 상태가 더 악화되었다고 중풍과 치매 환자를 돌보는 요양원에 입원시키기는 곤란한 환자들이 많이 있다. 이들이 일정기간 머물면서 섭생과 재활을 통해 충분한 회복기를 거친다면 비교적 독립적 생활이 가능한 일반주택이나 노인아파트 같은 곳으로 옮겨 살 수도 있을 것이다. 물론 이 시설은 자기가 비용을 부담할만한 경제력이 있는 노인들이 많이 이용한다.

우리나라엔 아직 이런 시설이 없다. 법 규정도 없고, 어느 정도의 욕구가 있는지도 조사된 바 없다. 그러나 분명 이런 시설의 필요성을 느끼는 많은 노인환자와 가족이 있을 것이다. 단순히 집, 병원, 요양원이 아니고 질병 치료와 회복, 섭생과 요양에 대한 노인의 다양한 욕구를 충족시키는 노인주거제도의 개선이 필요하다.

우리 사회는 베이비붐 세대가 노인이 되는 데에 따른 여러 가지 대응책을 마련해야 한다. 특히 노인이 비교적 건강할 때와 병들었을 때, 신체적 도움이 많이 필요할 때와 적게 필요할 때, 어디에서 좋은 주택정보를 얻고 어떤 형태의 주택에서 살아야 하는지의 문제는 이제 노인복지의 주요 과제가 되고 있다. 노인을 위한 주거 설계와 상담에 관해 개인, 기업, 대학, 정부가 같이 고민하고 제도화해야 할 일이 많다.

돌보는 공동체를
만들어야 한다

　2008년부터 시행된 노인장기요양보험제도는 많은 국민으로부터 만족과 동시에 걱정을 자아내고 있다. 만족이라 함은 노인요양서비스의 양적 확대가 이루어져 그동안 중풍이나 치매 등 다루기 어려운 만성질환이 있었으나 제대로 서비스를 받지 못하던 노인들이 저렴한 가격으로 요양서비스를 받음으로 노인 자신은 물론 노인을 모시고 살았던 가족들이 한시름 놓을 수 있게 되었다는 것이다.

　걱정이라 함은 서비스를 받아야 할 노인들이 서비스를 제공하기 위한 심사판정에서 제외되지는 않을지, 요양시설은 욕구에 따라 충분히 설치되어 있는지, 요양서비스를 제공하는 인력의 전문성이 확보되어 있는지, 그리고 특히 요양시설에서 의식이 분명치 않은 노인들이 정성스러운 보살핌을 받으며 그들의 인권이 제대로 보장되는지 등이다.

정부에서는 제도 도입 이후 봇물 터지듯 밀려오는 서비스의 수요를 감당할 시설이 충분치 못하다는 현실을 감안하여 요양시설의 증설 분위기를 적극 주도하였었다. 그동안 요양시설의 수가 급증하여 현재 4,500여 개의 노인요양센터에 38만 명을 상회하는 노인들이 서비스를 받고 있다. 또한 자기 집에서 요양서비스를 받기 원하는 노인들을 위해 재가(在家)서비스도 확대하고 있다.

그런데 문제는 요양시설을 설치 운영하고자 하는 사업체나 단체들이 대형시설을 선호하고 있으며, 정부 또한 대형시설이 관리 감독하기 쉽기 때문에 그런 시설 위주로 지원을 확대하려는 경향이 있다는 것이다. 대형시설은 서구의 경험에서 보듯 입소노인이 비인간화된 관리의 대상이 되기 쉽고, 운영비용이 많이 들 뿐만 아니라, 그 곳에 거주하는 노인은 가족과 이웃을 떠나 고독하고 불행한 섬에 사는 것 같은 인식을 씻을 수 없다.

이러한 문제를 좀 완화하기 위해 우리나라엔 요양시설과 병원 사이에 요양병원이 존재하고 있는데 사실 이건 좀 기형적인 기관이다. 요양병원은 원래 노인성 질환의 입원치료, 요양서비스 제공, 임종을 앞둔 환자에 대한 의료행위를 하는 기관으로 규정되어 있으나, 쉽게 입원이 가능하며 또 비교적 저렴한 가격으로 의료와 요양의 요구를 동시에 해결할 수 있기 때문에 그 수가 급증하여 현재 1,400여 개의 요양 병원에 14만 명의 환자가 입원하고

있다. 이는 우리나라 의료기관 전체 입원환자의 약 30%에 해당
되며 건강보험의 재정부담을 초래하고 있는 중요한 원인의 하나
이다.

노인은 나이가 들수록 가족이나 친근한 이웃과 함께 사는 게
가장 자연스럽고 인간적인 삶의 모습이다. 거동이 불편한 노인을
가정 안에서 보살피거나 집 근처의 가정과 같은 작은 시설에 모
셔서 가족이 늘 다닐 수 있다면 노인 자신에게 더 좋은 것은 없을
것이다. 지역사회의 다양한 서비스를 손쉽게 제공받으면서 가족
이 모시는 불편을 최소화시키는 제도가 마련되어 있다면 자녀들
이 굳이 죄의식을 느끼면서 노부모님을 멀리 따로 큰 시설에 모
실 이유가 없다. 서구의 전철을 밟지 아니하고, 보다 인간적이고
효율적인 요양서비스를 제공하기 위해 이제 우리는 소규모 요양
시설과 재가서비스를 중심으로 하는 '한국적 지역사회보호 모형'
을 개발할 필요가 있다.

오래 전 국제노년학회 발표 차 호주 시드니에 갔을 때 소규모
요양시설을 방문한 적이 있다. 한 할머니가 치매증상이 있어서
할아버지가 집에서 돌보기 어려웠기 때문에 동네의 소규모 요양
시설에 할머니를 입원시켰다. 할아버지는 바로 옆집으로 이사 와
서 살면서 아침저녁으로 할머니를 만나며 대화도 하고 보살펴 준
다. 그 요양시설엔 간판도 없고, 그냥 보통 집처럼 보인다. 골목
하나를 두고 따로 살 뿐 노인을 시설에 모셨다는 개념이 전혀 아
닌 것을 보고 큰 감명을 받았던 기억이 있다. 그 후에 알고 보니,

호주와 뉴질랜드에서는 요양시설에 유니트 케어(Unit Care)의 개념을 도입하여 한 요양시설에 입소 인원을 20명으로 제한하되, 운영자의 수익을 고려하여 또 하나의 요양시설을 붙일 수 있도록 하고 있다. 한 시설에 20명 이상이 살게 되면 노인은 같은 시설에 사는 노인들과 그들을 돕는 간호·간병 인력과 친근감을 느낄 수 없다는 배려에서 만들어진 제도이다.

몇 년 전 노인요양시설은 혐오시설이라고 외치며 건축공사를 방해하고 반대시위를 주도한 혐의로 기소된 주민대표에 대해 법원이 업무방해죄와 공무집행방해죄 등을 인정해 징역형을 선고한 일이 있다. 내 제자 중 하나는 어떤 동네에 적절한 집을 구입하여 소규모 노인요양시설을 운영하려다 주민의 반대로 지금은 그 집을 어린이집으로 운영하고 있다.

노인요양시설은 결코 혐오시설이 아니고 우리 지역의 이웃이고 어른인 노인을 모시는 공동체 시설이라는 인식이 확대되어야 하겠다. 우리의 정서에 맞는 건물 디자인과 프로그램으로 요양서비스가 필요한 노인을 집 가까이에서 모시는 풍조가 확산되고 방문요양 등의 재가서비스도 강화되어야 한다. 나도 늙어서 요양서비스가 필요해지는 경우 내가 평소에 자원봉사하던 그 요양시설에 들어가서 살게 된다면 비교적 편한 마음으로 인생의 마지막을 보낼 수 있지 않을까?

이제 공동체 의식의 개선, 특히 지역사회에서 '돌보는 공동체(caring community)' 개념이 확산되어야 하겠다. 요양서비스를 필요로 하는 노인이 낯선 얼굴들만 있고 규격화된 시설에서 관리의 대상이 되는 것이 아니라 가족과 이웃에 의해 따뜻한 사랑과 보살핌을 받는 제도를 적극 개발해야 할 것이다. 내가 지금 논문 지도하고 있는 박사과정 한 대학원생의 연구주제는 '가족친화적 요양시설(Family-friendly Nursing Home)'이다. 비록 가족과 떨어져 살지만 어떻게 하면 가족과 같은 분위기에서 인생의 마지막을 보내는가 하는 주제이다.

사실 이 돌보는 공동체 정신은 시설노인에게만 적용되는 것이 아니라 독거노인, 보육시설 아동, 소년소녀 가장, 장애인, 탈북민, 외국인 노동자 등 사회적 약자를 우리 사회가 어떻게 다정한 가슴으로 품어야 하겠는가 하는 주제이다. 이들의 사회통합 문제를 국가의 제도로만 해결할 수는 없다. 민간의 역량이 성장해야 하는 이유가 여기에 있다.

은퇴
귀농

　최근 직업, 나이, 경제력 등에 관계없이 건강과 쾌적한 환경을 찾아 생계수단과 주거공간을 농촌으로 옮기는 현상이 증가하고 있다. 특히 중앙정부와 지자체의 도시민 유치를 위한 정책에 힘입어 이러한 귀농현상은 한층 더 활발하게 전개되고 있다. 2000년대 초반에는 30~40대 청장년을 중심으로 한 전업형 귀농이었다면, 최근에는 은퇴 이후 50~60대 장노년의 생태지향형 귀농현상도 나타나고 있다.

　은퇴 귀농은 은퇴자의 욕구와 지자체의 기대가 맞아 떨어져서 나타나는 새로운 현상이다. 즉, 직장인은 은퇴한 이후에 환경오염이나 먹을거리 불신으로부터 벗어나 좀 더 자연친화적으로 건강한 삶을 살고자 하는 욕구가 늘어난다. 지자체는 농촌지역의 인구 유출로 인한 공동화를 막고 경제력과 전문성을 갖춘 도시 은퇴자를 유치해 지역경제의 활성화를 도모하는 것을 계획하고 있다.

현재 농촌지역의 지자체는 귀농귀촌 지원을 위한 조례를 만들고 행정체계를 구축하고 있다. 정부는 귀농귀촌종합센터를 설립하여 귀농귀촌을 희망하는 사람들에게 필요한 정보제공과 지원을 하고 있다. 그런데 이런 귀농귀촌 지원책은 대부분 30~40대의 청장년의 신규 농업인을 대상으로 하고 있는데, 이를 50~60대의 장노년도 포함하는 것으로 적극 확대할 필요가 있다. 현실적으로 청장년의 귀농은 삶의 방식 자체를 바꾸는 등 대단한 결심이 필요하지만, 은퇴 귀농은 사실 귀촌(생계적 귀농이 아니라 전원생활을 즐기는 것)의 성격이기 때문에 여건이 어느 정도 맞는다면 보다 쉽게 결정할 수 있기 때문이다.

도시인들에게 농촌은 필요할 때 잠깐 가서 즐기는 곳이라고 생각하는 경향이 있다. 그들은 농촌을 생각하면서 대체적으로 무료하고 권태로운 곳, 문화·의료·복지의 사각지대, 편리한 생활의 포기, 사회적 관계의 단절이라는 부정적인 이미지와 연결시킨다. 그러나 농촌은 국가자존을 위한 기초산업인 농업을 담당하고 있으며, 농업인력의 확보와 농촌사회의 안정은 국토의 균형관리에 기여한다. 은퇴 귀농은 개인적 선호 이상으로 국가발전에 중요한 몫을 담당할 수 있다. 따라서 중앙정부와 지자체는 이제 도시 중산층 퇴직자의 은퇴 귀농을 적극 권장할 필요가 있다.

은퇴 귀농을 생각하는 사람들이 염려하는 것은 농촌에 적절한 가격의 집과 보람 있게 참여할 수 있는 활동이 있는가 하는 점이다. 자녀들을 모두 출가시킨 뒤에 도시에서 살던 집을 절반으로 줄여 그 돈으로 농촌에 집을 장만하고 가끔 해외여행을 하는 등 여생을 즐겁게 보내는 것은 은퇴 귀농에 관심 있는 사람에게 아주 매력적인 노년기 삶의 모습이다. 그러나 그 집이 자기가 원할 때 적정한 가격으로 매도할 수 있느냐 하는 것이 걱정이다.

그래서 은퇴 귀농자를 위한 주택은 시장논리가 아닌 별도의 제도에 의해 설치·관리되어야 한다. 은퇴자를 위한 농촌형 공공임대주택, 직업·취미·종교를 공유하는 사람들의 공동체 마을, 저렴하고 편리한 이동주택단지(mobile home park) 등이 마련되어야 할 것이다.

농업이란 농작물을 재배하는 것 이외에도 많은 서비스가 필요하다. 농작물 재배와 관련된 다양한 분야의 기능보유자와 유통 및 사무 경력의 소유자도 필요하다. 은퇴 귀농자는 농촌을 경제 사회적으로 안정시키고 발전시키는 데 젊은 농업인력이나 기존의 고령농가가 할 수 없었던 일들(자연환경 보존, 청소년 방과후 프로그램, 대안교육 등)을 자원봉사로 한다거나, 혹은 농촌의 '어메니티'(amenity, 쾌적성, 즐거움)를 향상시키는 일에 종사함으로 농촌을 살기 좋은 곳으로 변화시키는 데 기여할 수 있다.

그들이 갖고 있는 도시의 인적 네트워크를 농촌의 다양한 삶의 영역과 연계시켜 농촌을 부활시키는 데도 기여할 수 있다. 이는 보수를 받는 일이든 자원봉사로 하는 일이든 은퇴자의 보람 있는 삶을 가능케 하는 일인 것이다. 특히 은퇴자의 자원봉사는 농촌에 복지공동체를 창출하는 계기를 만들게 될 것이다.

서울 근교 농촌에 살고 있는 내 친구는 인근 초등학교 CA 시간에 글쓰기반을 맡아 아이들을 지도하고 학기말에 좋은 글을 모아 자비로 책을 만들어 주는 봉사활동을 하고 있다. 농촌마을을 복지공동체로 만들어 가는 작은 실천이라 생각된다. 우리 친구들은 가끔씩 작은 돈이지만 기부하여 그 친구를 격려하고 있다.

다소 무지개를 잡는 듯한 은퇴 귀농의 개념이 현실화되려면 크게 두 가지 문제가 해결돼야 한다. 첫째는 은퇴 귀농에 대해 대체로 남자들은 호기심을 갖는데 여자들은 원치 않는 경향이 있다. 여자들에게 은퇴 귀농은 왠지 촌스럽고, 도시의 편리함을 포기해야 하는 것 같고, 남들에 비해 손해 보는 것 같은 생각이 드는 것이다.

따라서 은퇴 귀농이 성공하려면 자자체가 여성친화적인 여건을 마련해야 한다. 주거 및 마을 환경을 청결히 정비하고, 문화·예술 프로그램을 적극적으로 개발해야 한다. 여성은 남성에 비해 더욱 가족지향적이기 때문에 도시에 사는 자녀와 손자녀들이 매력을 느낄만한 농촌체험 프로그램을 개발하고 여기에 여성을 참여시키면 좋을 것이다.

둘째는 의료서비스를 향상시켜야 한다. 70세가 넘어 신체가 허약해지면서 노인들의 건강에 대한 염려는 대단히 높아지기 때문에 질 좋은 의료서비스를 쉽게 이용할 수 있는 체제를 구축해야 한다. 보건소 등 공공보건의료기관의 기능을 강화하거나, 도시 대형병원의 응급체계를 활용하는 제도를 만들어야 할 것이다. 의료시설이 잘 되어있는 인근 도시와의 정기적인 셔틀버스를 운영하는 것도 현실적인 방안이 될 것이다.

은퇴 귀농이 개인적으로 축복된 제3의 인생이 되고, 사회적으로 농촌의 지역사회 발전에 기여하기 위해 우리가 생각하고 시도해 볼 수 있는 일이 많다.

노권운동에 참여하는 노인들은
사회 각 부문에서 노인을 우대하며
인력을 재활용하도록 요구하고,
노인이 재능을 발휘할 수 있는 영역을 개발하고,
이런 일에 방해가 되는 세력에 압력을 가한다.

참여적
노년

_7_

제 3 의   인 생   설 계 ,   신 노 년 문 화

노인일자리
단상

　노인일자리에 관한 논의가 한창이다. 그런데 노인들에게 적당한 일자리를 보장하는 일은 매우 어렵다. 적당한 소득에, 보람도 느끼면서, 지속적으로 일할 수 있는 동기를 부여받으며, 체력에도 무리가 가지 않는 일자리를 찾는 것은 결코 쉬운 일이 아니다. 노인 일자리는 전문가에 의해 노인의 기호와 체력을 고려하여 정교하게 개발되어야 한다.

　몇 년 전, 나는 삼림청에 이메일을 보낸 적이 있다. 우리나라 삼림보호 정책을 수행하는 데 산림청이 은퇴자의 노동력을 활용할 수 있지 않겠느냐는 의견을 제시하였다. 삼림을 보호하고 관리하는 데는 전문가가 해야 할 일도 있지만, 약간의 훈련을 받은 봉사자가 할 수 있는 일도 많이 있을 것이다. 나무가 너무 많이 모여있어 솎아내는 일, 외생식물 때문에 토종식물이 피해를 보는 지역을 확인하는 일, 폭풍우로 보수를 해야 하는 등산로나 편의시설을 확인하는 일도 있고, 해충 때문에 죽은 혹은 죽을 나무를 골라내는 일도 있을 것이다. 공원 이용 준수사항을 위반하는 등산객을 제지하거나 불법 동물포획을 감시하는 일, 기타 여러 가지 환경정화 작업도 할 수 있을 것이다.

아름답고 유익한 숲 환경을 유지하기 위해서는 누군가에 의해 상시 관찰·감시되어야 하는데 이 일에 적합한 사람은 아마 은퇴자일 것이다. 숲을 좋아하는 은퇴자들이 단지 건강과 여가선용을 위해서만 숲을 찾을 것이 아니라 이왕 등산을 하는 김에 큰 노력을 들이지 않고도 뭔가 숲을 보호하고 관리하는 일에 동참할 것을 요청받는다면 마다 할 사람이 없을 것이다. 이 일은 무보수 자원봉사를 원칙으로 하지만 약간의 보수가 주어진다면 더 말 할 나위 없이 환영받을 것이다.

참가자들을 조직하고 관리하는 데는 여러 가지 기준이 있을 수 있다. 본인들이 즐겨 찾는 산을 정할 수도 있고, 체력과 보유기능 종류에 따라 특별한 산을 정해 줄 수도 있다. 임무를 수행하는 시간도 참여자의 편의에 따라 정할 수 있다. 인근 지역에 사는 주민이면 등산할 때마다 임무를 수행할 수 있고, 그렇지 않은 경우는 한 달에 1~2주 혹은 그 이상일 수도 있다. 아마 비용효과적인 측면을 고려한다면 기온이 너무 높거나 낮은 계절을 제외하고 한 달에 적어도 1주 이상은 참여해야 좋을 것이다.

숙식은 신경을 많이 써야하는 부분인데, 예산이 허락하는 범위에서 인근의 숙박시설을 이용하거나 혹은 캠프장을 설치할 수도 있을 것이다.

참가하는 은퇴자들에게는 일정 시간의 오리엔테이션 및 기술 훈련을 시킬 필요가 있다. 참가자들은 어릴 때의 경험을 떠올리며 이런 과정을 즐길 수 있을 것이다. 아마 이런 일에 의미를 찾을 수 있는 사람만이 참가할 것이다. '국립공원 삼림보호 봉사위원'과 같은 자격을 주면 명예롭게 생각할 것이다. 참가자의 신청에 따라 지역과 시간을 안배하면 많은 수의 국·도립 공원을 포함시킬 수 있을 것이다.

이 활동이 오래 지속되기 위해서는 자원봉사를 원칙으로 해야 한다. 이런 일에 동참하는 은퇴자라면 몇 푼의 보수는 오히려 자존심을 상하게 할 수 있다. 그러나 특수한 상황(힘든 노력봉사, 전문 기술의 활용 등)에서는 다소 보수를 제공할 수도 있을 것이다.

여름 동안에 이루어지는 경우라면 청소년과 함께 이 활동을 할 수도 있을 것이다. 봉사를 같이 하면서 노인과 청소년이 세대 간 이해의 폭을 넓게 되면 자연스럽게 노인문화와 청소년문화가 교류되는 아름다운 상황이 전개될 것이다. 이런 이색적인 일은 발달심리학을 전공한 사람들이 프로그램을 짜는 데 동참하는 게 좋겠다. 만약 보호관찰이나 사회봉사명령을 받은 비행청소년과 함께 하는 것이라면 더욱 많은 신경을 써야 할 것이고, 그만큼 더 큰 의미를 찾을 수 있을 것이다.

너무 허황된 이야기인가? 결코 그렇지 않다. 현재 미국에 노인 일자리 사업을 주관하는 민간단체인 Experience Works의 전신으로서 1965년에 설립된 Green Thumbs는 농촌 노인들로 하여금 고속도로 정화작업과 인근의 숲을 관리하게 하기 위해 정부 기금으로 만들어진 단체이다. 숲에서 화재가 발생하면 소방대원들과 함께 현장에 투입되기도 한다. 이런 도전적인 활동에 참여하기를 원하는 노인들은 필요에 따라 며칠씩 야영을 하면서 소임을 수행하기도 한다. 낮에는 작업을 하고 밤에는 친교의 시간을 갖는다. 그리고 이들에게는 일정한 보수가 지급된다. 봉사활동과 소득을 통합한 절묘한 노인 사회참여 프로그램이다.

청소년들에게도 이와 비슷한 프로그램이 있다. Student Conservation Association(학생환경보호협회)이란 단체이다. 청소년들에게 여름방학 4~5주 동안 국립공원에서 노력봉사를 하게 하는데, 남녀 고등학생 7~8명이 훈련된 지도자 1명과 함께 국립공원 안에서 야영을 하면서 국립공원 측이 요청하는 다양한 삼림보호 활동을 한다. 빗물을 받아 식수로 쓰고, 용변은 야영장 근처에서 원시인처럼 해결한다. 참가비는 원칙적으로 개인부담이지만, 참가자의 요청에 따라 약간의 장학금을 지급하기도 한다. 참가 학생들은 고생은 되지만 일정 기간 국립공원의 자연과 벗이 되었다는 매우 아름다운 추억을 간직하게 된다.

내가 이메일을 보낸 후 며칠이 지나도 응답이 없어서 직접 전화를 해 보았다. 담당직원의 대답은 어느 정도 예상했던 것이었다. 좋은 제안은 감사하지만, 노인들이 활동하다가 다치거나 하면 곤란하기 때문에 청장님께서 부정적이었다는 것이었다. 사실 이 문제는 1~2만 원짜리 상해보험을 들면 쉽게 해결될 일이다. 청장은 부상을 당하는 경우도 생각했겠지만, 혹시 노인들이 험하게 보이는 일을 하는 것에 대해 기본적으로 부정적 인식을 갖고 있었던 것은 아니었을까? 아니면 내가 너무 순진한 제안을 했던 가…. 우리 사회에 노인일자리를 개발하는 것이 결코 쉽지 않은 일이라는 것을 느꼈던 에피소드이다.

노인일자리 창출은
국가의 백년대계

　전통적으로 '교육은 국가의 백년대계(百年大計)'라 하여 아동과 젊은이들을 위한 교육은 국가의 장기계획에서 가장 중요한 부분으로 인정되어 왔다. 그러나 지금과 같은 고령화 시대엔 오히려 노인 일자리 창출이 국가적인 미래계획에 가장 중요한 것으로 부각되고 있다.

　인구 고령화의 핵심문제는 노인부양비율이 높아지는 것이다. 65세 이상의 비생산인구 대비 15~64세의 생산가능인구로 나타내는 노인부양비율이 2000년에 15.3%에 불과하던 것이 2050년에는 91.4%를 기록하며 OECD 평균을 크게 웃돌 것으로 예상된다. 지금과 같이 출산율 저하와 평균 수명의 연장이 계속된다면 약 30년 후에는 생산가능인구 1명이 비생산 인구 1명을 부양해야 하는 사태가 발생하게 된다. 이는 국가경제의 마비로 이어질 것이다.

고령화 속도가 빨라지면서 노동시장에서는 노동력 부족과 생산성 저하, 세대 간 일자리 경쟁이 나타난다. 전체 노동력을 나타내는 경제활동인구는 2010년 2,600만 명에서 2018년 2,700만 명으로 정점을 찍은 뒤 2030년에는 2,500만 명으로 축소될 전망이다. 경제활동의 중추인 25~49세의 핵심 노동력은 이미 2009년부터 줄어들기 시작해 향후 감소폭이 확대될 것으로 전망된다. 핵심 노동력의 감소와 전체 노동력에서의 비중 하락은 노동생산성 저하로 이어진다.

노동생산성 저하 현상을 극복하는 방법은 출산율을 높여 생산인구를 올리는 한편, 노인에게 일자리를 제공해 노인이 스스로의 삶을 유지할 수 있도록 하는 것이 최상이다. 내국인만으로 출산율을 높이거나 생산인구를 올리는 것이 충분하지 않다면 외국 노동력을 수입하는 수밖에 없다. 노인에게 일자리를 마련해주는 것은 정년을 연장하는 방법과 정년 후 재취업을 하는 방법이 있는데, 세대 간 일자리 경쟁이 일어나지 않게 하면서 어떻게 노인 일자리를 창출해 내느냐 하는 것이 관건이다.

노인일자리 창출에 가장 큰 걸림돌은 정년퇴직제도이다. 지금처럼 50대 중반에 직장으로부터 퇴직하는 제도가 바뀌지 않는다면 인생 100세는 그야말로 악몽이다. 퇴직 후 나머지 40년은 어떻게 살아야 할까? 지금도 노인들의 70~80%는 기초연금 등 정부의 지원금 없이는 자립적인 생활이 어려운 것으로 평가되고 있는데 앞으로 이런 현상은 쉽게 개선될 것 같지 않다. 잘 사는 노인은 더 잘 살게 될 것이고, 어려운 노인은 더 어려울 것으로 전망된다. 노인세대 안에서의 빈부격차는 지금보다 더 많은 노인들을 불만족스럽게 할 것이다.

그래서 정부는 서구에서 보듯 궁극적인 목표를 정년폐지에 두고 점차 정년을 연장하는 다양한 제도를 도입할 필요가 있다. 때론 기업을 권유해서, 때론 강제적인 법 제정을 통해 추진해 나가야 한다. 다행히 2013년에 국회는 2016년부터 사업장별로 순차적으로 정년 60세 보장을 의무화하는 소위 '정년연장법'을 통과시켰다. '고용상 연령차별 금지 및 고령자 고용촉진에 관한 법률'을 개정한 것이다. 그러나 일할 수 있는 기간이 늘어난다고 해도 임금을 어떻게 할지를 놓고 곳곳에서 다툼이 벌어질 수 있기 때문에 정부의 지혜로운 관여가 필요하다. 정년연장법으로 그 동안 일부 기업에만 도입되었던 임금피크제는 이제 피할 수 없는 사회적 현안이 되었다. 이 문제는 곧 닥칠 고령사회(노인이 전 인구의 14% 이상)에 노인의 잠재력을 활용한다는 측면 이외에 국가비전, 나아가 국가 생존이 걸려있는 문제이기도 하다.

은퇴자를 고용한 국내외 직장의 성공사례를 보면 대부분 신속과 순발력을 요하는 일은 젊은이를, 그리고 숙련과 정확성을 요하는 일은 노인인력을 배치하여 여러 세대가 한 직장에서 공생하는 양상을 취한다. 혹은 신입사원에겐 60세 이상 근로자를 멘토로 짝지어 직장생활 적응력을 높이고, 노동시장의 자연스러운 세대교체가 가능하도록 하기도 한다. 사주 측으로 보면 노인인력의 성실성과 충성심은 다루기 힘든 노조를 대신하여 안정적인 인력을 확보하는 이점도 있을 것이다.

지속적인 노인일자리 창출을 위해 임금피크제도를 활성화하는 문제, 고령자 고용촉진장려금 제도를 개편하는 문제, 중고령자 적합형 일자리를 확대하는 문제, 특히 이제 시행한지 6~7년 된 고용상 연령차별금지 제도를 강하게 추진하는 문제 등은 퇴직에 따른 사회적 손실을 최소화한다는 데 초점을 맞추고 추진해야 할 과제들이다. 이 제도들은 연금혜택을 제대로 받지 못하는 지금과 미래의 노인들에게 긍정적 노년생활을 가능케 할 뿐만 아니라 안정사회를 구축하는 발판이 될 것이다.

알파고와
선거

　지난 달 알파고와 이세돌의 바둑경기는 인공지능의 능력을 과시한 세기적 사건이었다. 인공지능 관리자는 수많은 데이터를 입력한 후 수많은 연습을 시켜 스스로 학습능력까지 갖추게 하고 다양한 문제에 대한 답을 찾게 한다. 인공지능의 발전으로 인류 사회는 지금까지 겪어보지 못한 미증유의 혁명적 변화를 겪게 될 것이다. 인공지능이 인류 미래의 진보에 기여할 것인지 아니면 미래의 재앙을 예고하는 것인지는 인류가 이것을 윤리적으로 어떻게 활용할 것인가에 달려있다고 한다. 인공지능 개발의 기초는 어떤 데이터를 어떻게 조합하여 입력하느냐 하는 것이다.

　20대 국회의원 선거가 코앞에 다가왔다. 북한이 강도 높은 전쟁 협박을 하고 동북아의 정치경제 질서가 예측하기 어려운 상황으로 전개되는 때 치러지는 이번 선거는 그 어느 때보다 중요하다. 그런데 이번 선거처럼 선거 한 달 앞두고도 누가 후보자로 나올지 모르는 때는 과거에 없었던 것 같다. 문제는 이런 상황에서 후보자가 자기의 개인 신상과 비전을 자세히 알릴 기회도, 유권자가 후보자의 능력과 자질을 확인해 볼 수 있는 기회도 충분치 않다는 것이다.

선거는 누구를 우리의 대표로 뽑느냐 하는 선택 행동이다. 우리의 욕구와 기대를 가장 잘 충족시켜 줄 수 있는 사람을 선택하려면 그가 어떤 사람인지를 알아야 할 텐데 이번 선거에서 그걸 잘 알 길이 없다. 그러니 이번 선거에서도 실현가능한 정책 대결에서 우위를 점하거나 인공지능 시대에 걸맞은 개혁정신을 갖춘 인재가 뽑히기보다 여전히 색깔론이나 흑색선전으로 상대방을 모략하거나 학연이나 지연 등 전근대적인 연고주의가 투표의 향방을 결정할 중요한 요소로 작용할 것 같다.

어렵사리 후보자로 선택받아 나온 사람들은 누구나 다 공약(公約)을 남발한다. 어차피 그들이 제시하는 많은 공약은 충분히 연구해서 나온 것이 아니므로 공약(空約)으로 끝날 공산이 크다. 지역을 발전시키겠다는 선언을 곧이곧대로 들을 필요도 없다. 국회의원은 지역의 이익과 함께 국가의 이익을 위해 직무를 수행하는 헌법기관인데 그들이 국가보다 지역의 이익을 먼저 생각한다면 그것은 사실 잘못된 것이다.

그래서 요즈음 투표장에 가고 싶은 마음이 없다는 사람을 많이 본다. 국회의원 배지 한 번 달아보겠다고 날뛰는 3류 혹은 4류 정치인을 우리의 대표로 뽑고 싶지 않다는 것이다. 특히 후보자들 중 평범한 시민들과는 거리가 먼 부도덕한 행동을 한 사람들이 많다. 세금체납, 병역미필, 전과기록, 위장전입, 학위조작, 논문표절 등에 하나라도 연루되지 않은 사람을 찾기가 어렵다. 아니, 오히려 국회의원 하려면 이런 배지를 두세 개 정도는 달고 있어야 하지 않겠나 하며 오만방자하고 철면피 같은 후보자도 있다.

알파고 이변을 겪고 나니, 이번 선거에서는 우리가 사는 현세대와 우리의 자손들이 살아갈 미래세대에 진보를 가져올 수 있는 능력과 도덕성을 제대로 갖춘 사람을 뽑아야겠다는 생각이 강하게 든다. 그런데 능력은 과거 그의 경력이나 업적을 보면 알 수 있지만 도덕성은 잘 알 길이 없다. 이제 인간의 능력이라는 것도 인공지능으로 대체할 수 있을 터이니 그다지 중요하지 않아 보인다. 국회의원을 선량(善良)이라고 부르는 것을 보면 능력보다는 도덕성이 더 중요하다고 여겨진다.

따라서 좋은 선거란 도덕성이 높은 후보자가 당선될 확률이 높은 선거제도 하에서 치러지는 선거라고 정의하고 싶다. 도덕성은 하루아침에 만들어지는 것이 아니고 어려서부터 잘 훈련되어야 하기 때문에 선거관리위원회와 같은 공식적인 국가기관이 어려서부터 지금까지 후보자의 도덕성을 판단할 수 있는 데이터를 낱낱이 수집하여 유권자들에게 보여주었으면 좋겠다. 이런 일을 하는 민간기관이 있다면 더욱 좋을 것이다. 시간 여유가 좀 있는 노인들은 이런 기관에서 데이터를 수집, 입력, 평가, 공표하는 재능기부를 하면 매우 보람된 활동이 될 것이다.

후보자에 대하여 위에 열거한 부도덕한 행동을 포함하여 학생 생활기록부, 봉사활동이나 기부금 실적, 취미생활, 가족관계, 이웃관계, 질병치료기록, 법규 위반, 막말과 폭력행사 등 유권자들이 알면 도움이 되는 온갖 데이터를 보여준다면 우리는 훨씬 더 안심하고 투표를 할 수 있을 것이다. 앞으로의 선거에서는 후보자의 온갖 정보 이외에 유권자의 특징과 성향, 지역 특성, 과거 당선자 특성 등도 입력하여 누가 당선될 것인가를 예측하는 인공지능이 만들어져야 하겠다. 인공지능이라는 문명전환 시대가 도래하고 있는데 도대체 후보자가 어떤 인물인지 잘 모르는 상태에서 투표를 하려니 하도 답답해서 하는 소리이다.

어떻든 제한된 정보 속에서 치러지는 이번 선거엔 화려한 경력, 무슨 계파에 속해 있다는 것, 그리고 지역을 위한 헛된 공약 등을 보지 말고 그가 윤리 도덕적으로 바른 삶을 살아 왔는지, 그래서 양심과 성실로 지역과 국가를 위해 헌신할 준비가 되어 있는 인물인지를 보고 투표해야 한다고 역설하고 싶다.

최순실 사태가
노인들에게 주는 교훈

　노인복지론 수업시간에 학생들에게 맨 먼저 하는 얘기는 "노인은 다 다르다"이다. 노인은 외견상 다 비슷해 보여도 사실 노인의 삶을 자세히 들여다보면 매우 다르다는 것이다. 재산과 건강 정도는 말할 나위 없고, 삶의 자세, 취미생활, 인간관계, 죽음에 대한 태도 등에 있어서 매우 다양한 형태를 보인다. 개성을 존중하는 성향이 비교적 강한 베이비붐 세대가 노인층으로 편입되면 이들의 삶의 모습은 더 다양할 것으로 예상된다.

　그러함에도 불구하고 우리나라 노인들에게 공통적으로 비슷한 것이 하나 있는데 그것은 정치성향이 보수적이라는 것이다. 특히 노인들은 대북관계에 있어서 북한을 용인하여 협력관계를 만들고 그것을 바탕으로 평화통일을 이룬다는 진보진영의 논리를 매우 위험한 것으로 바라보고 있다. 이러한 인식은 아마 지금의 노인들은 6.25를 경험한 세대이어서 전쟁을 일으킨 북한을 근본적으로 불신하는 것에 기인한 것으로 여겨진다. 그래서 그동안 노인들은 보수를 표방하는 정당을 무조건 지지하지 않았을까 생각된다.

그런데 노인들만큼 이번 최순실 국정농단 사태에 분노심과 허탈감을 느낀 세대도 없을 것이다. "보수는 나쁘고 진보는 믿을 수 없다"는 말이 회자되고 있는데, 노인들은 믿을 수 없는 사람보다는 그래도 나쁜 사람이 낫다고 생각하였고, 박근혜는 믿을만하고 다른 사람보다는 덜 나쁘다고 생각했기 때문에 묻지마 투표로 박근혜를 지지하였을 것이다. 그런 노인들이 이번에 허를 찔린 것이다. 나라를 잘 이끌어 달라고 준 공권력을 아무런 권한이 없는 개인하고 공유하고, 그 사람은 대통령을 팔아 엄청난 비리를 저지른 것으로 드러나고 있으니 이걸 비극이라고 해야 할까 희극이라고 해야 할까?

최근 인터넷이나 SNS로 수많은 사람들의 의견을 모아 새로운 정보를 창출하거나 그것을 어떤 행동으로 연결시키는 '집단지성'이란 말을 자주 듣게 된다. 다수의 개체들이 협력하여 하나의 집합적인 지능을 만들고 그것이 어떤 지능적인 역할을 수행하도록 하는 것이다. 집단지성은 다수의 참여자들이 정보를 공유하고 수정함으로 보다 완전한 정보를 창출할 수 있다는 장점이 있는 반면, 어떤 식으로든 한 쪽의 의견으로 치우쳐지면 집단지성이 아닌 어리석은 군중으로 전락하게 될 수 있다는 단점이 있다. 집단지성은 몇 사람의 의도적이고 적극적인 개입에 의해 오용될 수 있는 취약점이 있기 때문에 대체로 지성적이기보다 어리석어질 확률이 높다고 한다.

이러한 잘못된 현상을 '집단동조'라고 한다. 사람은 누구나 집단 소속에서 제외되어지기를 원치 않기 때문에, 개인이 비록 집단적 의사결정에 동의하지 않는다 해도 집단의 요구에 맞춰 자신의 소신을 굽히고 집단이 제시하는 대로 맹목적인 선택을 하게 된다는 것이다. 선거에선 이런 현상이 강하게 일어나는 것 같다. 노인들이 선거에서 맹목적으로 집단동조를 한다는 것이 아니다. 혹여 충동성이 강한 젊은이들은 그럴 수 있을지 몰라도 지혜와 경륜이 있는 노인들은 그렇게 하지 않을 것이다. 그러나 최순실 사태를 계기로 그동안의 선거에서 노인들이 갖고 있었던 보수성향을 재고하지 않을 수 없다. 그동안 보수정당이 주는 포퓰리즘적 당근을 먹고 노인 표를 싹쓸이 하도록 허락하지 않았는지 냉철히 평가해 봐야 하겠다.

보수성향의 노인들은 보수정권이 무능하고 타락하면 어디로 가야 하나? 최근 보수도 진보도 다 보수(補修)해야 한다는 말이 유행하고 있다. 나는 이제 보수성향의 노인들도 무조건 보수를 지지하지 말고 무엇을 지키고 무엇을 버릴 것인가를 심사숙고해야 한다고 주장하고 싶다. 과거 대통령들을 보면 대북관계에 있어서 보수 출신은 강경책을 쓰고 진보 출신은 화해정책을 쓴 것만은 아니었다. 그렇다면 노인들은 이제 대북관계를 포함해 대통령 출마자의 개인적 소양과 양심, 그가 속한 정당의 정책방향과 구체적인 공약 등에 있어서 보다 냉철한 판단을 해야 할 것이다.

선거에서 항상 제기되는 문제점은 일반인이 출마자의 모든 것을 자세히 알 수 없다는 것이다. 매스컴도 공정성을 잃고 어느 특정후보를 지지하거나 혹은 반대하는 경향으로 흐를 수 있다. 노인들은 이제 박근혜와 보수정당에 대한 배신감에 빠져 좌절하지 말고 새로운 한국을 만드는 데 기여해야 한다. 노인의 힘으로 정의와 공평이 도도히 흐르는 한국을 다시 만들 수 있다.

빠르면 내년 봄, 늦어도 내년 여름 이전에 대선이 치러질 전망이다. 나는 한국의 대표적인 노인단체인 대한노인회가 태스크포스(임시특별조직)로 가칭 "대선후보 정책평가위원회"를 설치할 것을 제안한다. 이 위원회는 주요 출마자들의 이념과 평생의 언행에 대한 정보를 낱낱이 모아 공개하되, 특히 대북 군사 및 외교 분야에서 정확하고 자세한 정보를 모아 공개하는 것이다. 공직자를 바로 세우는 길 중 하나는 권위있는 민간기관이 "우리가 당신의 모든 것을 자세히 알고 있다"라고 하면서 정보를 공개하는 것이다.

최순실 사태가 터져 박근혜 대통령에 대한 탄핵 움직임이 강하게 나타났던 작년 11월 중순, 그의 사촌형부인 김종필 전 총리는 한 언론 인터뷰에서 박근혜는 결코 하야하지 않을 것이라고 예상하였다. 나는 정치 9단인 김종필 씨가 언론매체를 교묘히 이용해 사촌처제에게 한 수 훈수를 둔 것이 아닐까 생각해 보았다. 결코 하야하지 말라고…… 세모(歲暮)에 한번 상상의 나래를 펴봤다.

노인단체의
역량 강화

　노인복지에 관한 교과서나 혹은 여러 가지 글에서 빠지지 않고 나오는 주장은 노인의 지혜와 경륜을 사회발전을 위해 활용하자는 것이다. 즉, 노인이 오랜 세월동안 성공과 실패의 경험을 통해 얻은 지혜와 경륜을 다양한 사회영역에 활용하면 노인을 위해서나 사회를 위해 도움이 될 것이라는 것이다. 그러나 과연 노인이 그 지혜와 경륜을 사회발전을 위해 활용할 수 있는 기회를 찾을 수 있을까? 노인의 지혜와 경륜에 관한 주장은 그저 구두선에 그칠 뿐 사실 급변하는 현실 속에서 노인이 할 수 있는 일이라곤 별로 많지 않아 보인다.

　여기에는 노인에 대한 부정적인 이미지가 한 몫을 한다. 노인의 지식은 너무 낡아서 현대적 삶에는 쓸모가 없고, 노인의 사고는 유연성이 없어 새로운 것을 받아들여 변화하기가 어려우며, 노인은 고집불통이고 자기주장이 너무 강해 대화하고 타협하여 더 발전적인 것을 도모하기가 어렵다는 것이다. 이러한 주장은 어느 정도 일리가 있기는 하지만, 대부분 사회적 소수로 치부되는 노인에 대한 그릇된 편견에서 비롯된다.

노인은 정말 쓸모없는 존재이며, 사회적으로 짐이 될 뿐인가? 나는 그렇게 생각하지 않는다. 수치로 따지는 경제적 생산성은 떨어질지 몰라도 우리 사회가 안고 있는 많은 문제를 올바로 해결하는 방향을 제시하는 데는 노인의 지혜와 경륜이 아주 필요하다고 생각한다.

사람은 많은 돈을 벌어 호화롭게 사는 것이 궁극적인 목표가 될 수 없다. 무한경쟁 속에 많은 패배자를 만들며 자기 혼자 승리감에 도취해 살아가는 것도 좋지 않다. 개인적으로는 검소하게 살며, 사회적으로는 다른 사람과의 협동을 통해 공동체적인 삶을 추구하는 것이 바람직하다. 즉, 의식있는 노인이라면 물질문명의 노예가 되어 정신적 가치를 잃어버린 현대적 삶에 경종을 울리고 우리 사회가 인성을 존중하며 올바른 가치관을 재정립하는 데 중요한 역할을 할 수 있을 것이다.

요즈음의 세태를 보면 정치영역이든 경제영역이든 혼자만 혹은 자기 집단만 잘 되면 그만이라는 극히 이기주의적 사고방식이 판을 친다. 법과 질서는 아랑곳하지 않고 자기에게 유리하다면 무엇이든지 못할 게 없다는 패륜아적인 무질서가 어지럽게 난무하고 있다. 게다가 노인에 관해 생각해 보면 아직 많은 노인이 가난과 고독과 무관심 속에 3등 인생으로 전락되어 살아가고 있는 게 현실이다.

물질주의, 이기주의, 무질서에 대한 노인의 걱정을 사회적으로 표현하고 올바른 방향을 제시할 수 있는 효과적인 방법 중의 하나는 선거에서 투표를 행사하는 것이다. 표는 뭉쳐지고 조직되지 않으면 효력이 없다. 아무리 노인의 수가 많아도 그들이 모여 표로 실력행사를 하지 않으면 노인의 주장에 귀 기울일 사람은 없다. 선거철이 되면 일시적인 인기를 얻기 위해 노인단체에 기웃거리다가 시일이 지나면 언제 보았느냐는 식이다.

나는 아직까지 노인들이 우리 사회의 주요 현안에 대해 의견을 표명하고 이를 표로 연결시키기 위한 조직적인 활동을 했다는 소리를 듣지 못하였다. 교육, 복지, 통일 등의 문제에 대해 정당과 출마자에게 입장 밝히기를 요구하거나, 노인의 주장을 논리적이고 일목요연하게 정리하여 정책대안으로 수용할 것을 요구하는 경우를 보지 못하였다.

최근 우리 사회는 복지 포퓰리즘(populism, 인기영합주의) 이슈가 무성하다. 보육비 확대, 청년수당 지급, 최저임금 인상, 기초연금 증액 등에서 각 정당의 주장이 표만을 얻기 위한 인기영합적 주장인가 아니면 정말 과학적 근거와 타당성 있는 주장인가 혼돈스럽다. 고소득층에 대한 증세와 함께 국가 재정을 합리적으로 관리하면 충분한 예산이 확보될 수 있다는 입장과 무작정 시행했다가는 결국 국가경제를 위태롭게 할 수 있다는 우려의 목소리가 팽팽하게 맞서있다. 복지제도는 한번 시행하기 시작하면 축소하거나 백지화하기 어렵고, 나라가 거덜나고 무너지기 직전에 가서야 극심한 상처를 얻고 후회하게 된다. 복지제도는 항상 포퓰리즘의 유혹을 받는다. 그래서 나는 복지제도는 좀 보수적으로 운용되는 것이 바람직하다고 생각한다.

삶의 지혜와 경륜이 있는 노인, 그리고 이런 노인들을 회원으로 갖고 있는 노인단체는 어떤 입장인가? 회원 안에 여(與)의 성향과 야(野)의 성향을 갖고 있는 노인이 있으니 입장을 보류하는 것이 현명한 것인가? 나는 사회적 이익단체는 어느 정도 정치적 입장을 견지하는 것이 바람직하다고 생각한다. 어느 특정 정당을 지지하는 것이 아니라 어떤 이념을 수호한다는 차원에서 말이다. 모든 노인단체는 회원들을 선도하여 사회적으로 바람직하다고 판단되는 것을 주장할 때 그 존재가 부각된다.

노인단체들은 평소 정치 · 경제 · 사회적 이슈에 입장을 표명하고, 노인들의 표를 조직적으로 행사할 역량을 키워 나가야 한다. 서양에서는 노인의 주장을 관철하기 위한 투쟁을 전개하는 노권(老權, senior power)운동이 활발하다. 노권운동에 참여하는 노인들은 사회 각 부문에서 노인을 우대하며 인력을 재활용하도록 요구하고, 노인이 재능을 발휘할 수 있는 영역을 개발하고, 노인의 이미지를 부정적으로 그리는 매스컴으로부터 사과를 받아내고, 이런 일에 방해가 되는 세력에 압력을 가한다. 이는 결국 각

종 선거에 출마하는 사람들이 노년층이 갖는 가치관에 동조하는 공약을 내 걸도록 협상을 하고, 압력을 행사하고, 모니터링을 하는 노인 시민운동인 것이다.

우리나라에서도 그렇게 하지 않으면 노인단체는 사회의 원로 집단으로서의 역할을 수행하기는 커녕, 정부의 지원금에 기대어 이권다툼이나 하는 단체로 전락하고 말 것이다. 노인단체의 역량이 강화되기 위해서는 다음의 3가지 일이 선행되어야 할 것이다.

첫째, 전문가를 영입해야 한다. 어떤 사회적 이슈에는 복잡한 문제가 얽혀 있기 때문에 이를 정확하게 이해하고 대안을 제시하기 위해서는 해당 분야 전문가의 도움이 필요하다. 전문가에 의한 과학적이고 냉철한 판단과 미래지향적 설계는 많은 사람들의 신뢰를 불러일으킬 것이다. 노인단체가 영향력을 행사하려면 산하에 연구소를 두거나, 전문가를 자문위원으로 위촉할 수 있을 것이다.

둘째, 예비노인을 회원으로 받아들여야 한다. 노인으로만 이루어진 단체는 편협한 이기주의적 단체로 비쳐져 사회적 편견의 대상이 되기 쉽다. 그러나 재력과 능력을 갖고 있는 예비노인(50세 이상)을 포함시킨 노인단체는 폭넓은 지지계층을 확보할 수 있을 뿐만 아니라 막강한 세력을 과시할 수 있다. 미국퇴직자협회(AARP)가 3,800만 명의 회원수를 자랑하는데, 그건 50세부터 회원권을 주어 예비노인까지 포함시켰기 때문이다.

셋째, 지역에 기반을 둔 지도력이 필요하다. 그동안 이런 저런 노인단체가 출몰하였으나 대부분 너무 거창한 구호를 외치거나 처음부터 전국을 무대로 활동하려는 사람들에 의해 주도되었었다. 노인의 사회참여가 아직 일천한 우리나라에서 정치적 교두보를 확보하기 위해서는 지역활동을 통해 신뢰와 실력을 쌓고 여세를 몰아 전국 네트워크를 조직해 나가는 것이 바람직하다. "생각은 지구적으로, 행동은 지역적으로!(Think globally, act locally!)"라는 표어를 되씹을 필요가 있다.